Trabajos forzados

Daria Galateria

Trabajos forzados

Los otros oficios de los escritores

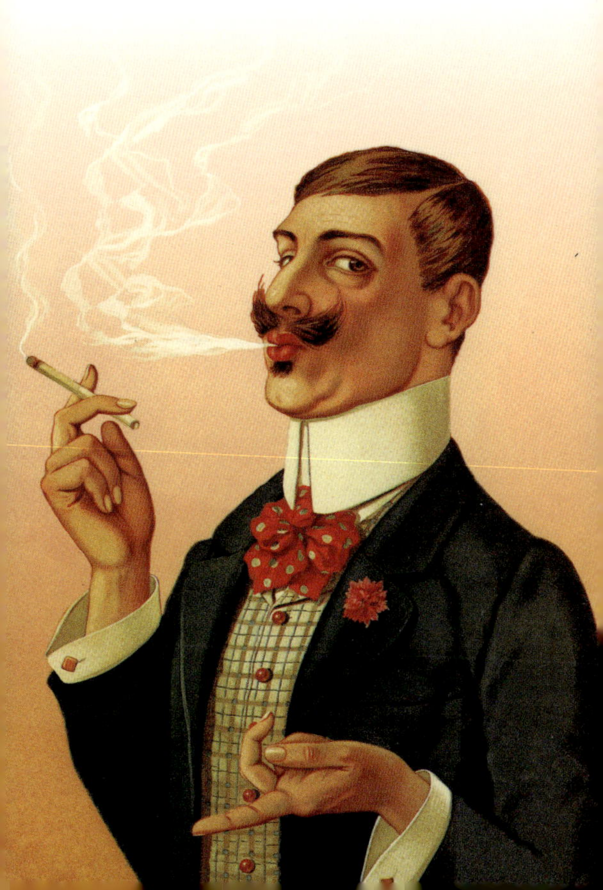

Dramatis Personæ

Buscavidas
Maxim Gorki, *pinche de cocina en el Volga*
Jack London, *cazador de ballenas en el Ártico*
Blaise Cendrars, *actor y compañero de piso de Charlot*
Dashiell Hammett, *investigador privado*
Raymond Chandler, *contable en una petrolera*
George Orwell, *friegaplatos tuberculoso*
Charles Bukowski, *cartero dipsómano*

Bon vivants
Colette, *vendedora de bisutería*
Boris Vian, *trompetista cardiaco*

Animales políticos
Paul Claudel, *cónsul, virgen y ultracatólico*
Paul Morand, *diplomático afincado en Suiza*
André Malraux, *ministro*

Burócratas atormentados
Franz Kafka, *agente de seguros*
Carlo Emilio Gadda, *trabajador de la RAI*
Jean Giono, *empleado de banca pacifista*
Jacques Prévert, *dependiente de gran almacén*

Engranajes del sistema
Ottiero Ottieri, *cortador de cabezas (experto en personal)*
Thomas Stearns Eliot, *banquero y editor*
Bohumil Hrabal, *obrero del acero*
Italo Svevo, *un buen industrial que fumaba mucho*

Fugitivos y correcaminos
Lawrence de Arabia, *soldado de fortuna y agitador*
Louis-Ferdinand Céline, *tenebroso médico viajero*
Antoine de Saint-Exupéry, *aviador que escribía de noche*
Bruce Chatwin, *subastador de Sotheby's*

Trabajos forzados
Los otros oficios de los escritores

Daria Galateria

Traducción del italiano a cargo de
Félix Romeo

Título original: *Mestieri di scrittori*

Primera edición en Impedimenta: septiembre de 2011

Copyright © 2007 Sellerio Editore, Palermo
Copyright de la traducción © Félix Romeo, 2011
Copyright de la presente edición © Editorial Impedimenta, 2011
Benito Gutiérrez, 8. 28008 Madrid

http://www.impedimenta.es

Diseño de colección y coordinación editorial: Enrique Redel

ISBN: 978-84-15130-17-8
Depósito Legal: S. 1.203-2011

Impresión: Kadmos
Compañía, 5. 37002, Salamanca

Impreso en España

Cualquier forma de reproducción, distribución, comunicación pública o transformación de esta obra solo puede ser realizada con autorización de sus titulares, salvo excepción prevista por la ley. Diríjase a CEDRO (Centro Español de Derechos Reprográficos, www.cedro.org) si necesita fotocopiar o escanear algún fragmento de esta obra.

Introducción

Trabajos forzados
por Daria Galateria

El 9 de octubre de 1897, durante la primera fiebre del oro, Jack London desembarcó en Klondike. Aquel invierno vivió en una cabaña abandonada, rodeado de lobos. Transportaba maletas por la nieve y cuesta arriba: millas y millas cargado con ciento cincuenta libras de peso. Se sentía más fuerte que los indios y lleno de salud. Cuando escribía, le dolía la espalda. Al escribir a máquina, se veía aquejado de repentinos dolores en los brazos, que le bajaban hasta los dedos. La columna vertebral, que «tan lealmente» le había servido en los días de viento y durante las tormentas, se veía ahora humillada por aquella máquina, que le obligaba «a estar doblado en dos», y le infligía «dolores fortísimos», como si tuviese reumatismo.

Carmina non dant panem; muchos escritores, para mantenerse, han tenido que trabajar. A comienzos del siglo xx —antes de que el Estado mecenas comenzara a ofrecer a los intelectuales variadas prebendas—, los trabajos podían ser de lo más extravagantes y, a veces, rozaban lo extremo; pero casi todos, poetas y narradores, coincidían en quejarse de que la escritura era la tarea más agotadora de todas. Charles Bukowski, que en una tarde de borrachera era capaz de arrasar a hierro y fuego una casa, y que al sueño americano contraponía la escritura del exceso —de alcohol, sexo y excesos de variada naturaleza—, trabajó en realidad disciplinadamente, durante catorce años, como cartero. Cuando le dieron un sueldo por escribir, se quedó paralizado por el terror toda una semana, y solo después se puso a trabajar. Pero las conferencias a las que le invitaban continuaron asustándole mortalmente; durante el día bebía y vomitaba; luego, en el momento de hablar, volvía a beber, y poco a poco le crecía la irritación hacia el público, que a veces respondía a botellazos. Era más fácil trabajar en la fábrica, sostenía, pálido de miedo, porque en la fábrica «no había tanta presión».

Maxim Gorki era todavía un niño cuando entró a trabajar como descargador en el Volga, acarreando él solo, «para envidia de los mayores», cajas de cien libras. Más tarde fue pinche, fogonero, pescador, panadero… Hacía catorce horas de cola de noche o de día, en bodegas o salinas calientes. Pero bastó que uno de sus cuentos tuviera éxito y pasara a colaborar en varios periódicos y tuviera que escribir dos artículos al día, para que confesara que ese «trabajo esclavo» lo agotaba: «era superior a sus fuerzas». Por su parte, Dashiell Hammett, el inventor del género negro, quiso ser investigador privado toda su vida, o, si acaso, reportero, incluso cuando la tuberculosis lo había convertido en un *dandy* larguirucho de cincuenta y siete kilos y casi dos metros de altura. (A veces, los trabajos más sedentarios pueden parecerles extenuantes a algunos escritores: si Anatole France dirigió durante quince años la Biblioteca del Senado francés, Marcel Proust no resistió ni un solo día en la Biblioteca Mazarin.)

Muchos escritores se quejan de la naturaleza vampírica de la escritura. Italo Svevo, para convertirse en «un buen industrial», se obligó a abandonar las novelas, porque si se le ocurría una sola frase, ya estaba perdido para la vida activa durante una semana entera. Escribió sobre una tarjeta de visita «Comercial» y llegó a ser un gran emprendedor en el sector de las pinturas navales.

De hecho, tras los trabajos forzados a los que se dedican los escritores del primer tercio del siglo XX, a menudo se prefieren los trabajos más distantes y mecánicos. Bohumil Hrabal lo practicaba: hacía trabajos que no le satisfacían, desagradables y contrarios a su naturaleza (fue, por ejemplo, agente de seguros, y eso que era timidísimo), ya que así podía superarse y obligarse a observar la realidad con una lente deformada y fantástica. En 1948, el socialismo real obligó a cambiar de trabajo a millones de checos, transformando a profesores y a artistas en obreros no cualificados. Hrabal trabajó en las acerías y casi perdió la vida en el empeño.

Georges Perec era ya moderadamente famoso, pero no por ello abandonó su empleo subalterno de documentalista en un laboratorio médico. Se acercaba a la cuarentena y ganaba premios literarios. Los colegas del CNRS lo miraban perplejos; le propusieron un ascenso si se reciclaba como informático. Perec no tenía la más mínima intención de hacerlo. Pensaba que si para un escritor es peligroso hacer carrera, todavía es peor depender de la escritura para vivir —peor para la escritura—. Cuarenta horas a la semana, y después era libre para crear lo que le pareciera (lo pensaba ya en el XVIII Voltaire: es imposible ocuparse de la cultura sin una buena base económica, es una cuestión de libertad intelectual; se las arregló, efectivamente, para hacer fortuna traficando con esclavos, pero fundó el mundo moderno de la tolerancia). Kafka sin embargo tenía remordimientos por trabajar como agente de seguros. Pensaba en el poeta Paul Adler, que no hacía nada, que iba mendigando los favores de un amigo y de otro, con su mujer y sus hijos, consagrado a su vocación; no como él, que naufragaba en una vida de burócrata. En ocasiones, Kafka era más indulgente con el trabajo y decía que liberaba al hombre del sueño que lo deslumbra, dejándolo entregado a la habitual nostalgia de la confianza.

Eliot renunció a enseñar en Harvard para ser empleado de banca. Trabajaba en un sótano, inclinado, «como un pájaro negro en un comedero», sobre una mesa repleta de cartas; a un metro de la cabeza, un cristal, que daba a las aceras de la calle, donde sonaban incesantemente los tacones. Se divertía un montón manejando los números; el trabajo le dejaba tiempo «para sus tareas» y para sus amigos. Cuando un editor descubrió que el mejor poeta americano era además un buen contable, creyó que aquello era un sueño, y le confió su empresa. A los veintidós años, Guillaume Apollinaire también trabajó como empleado de banco; el banco quebró casi de inmediato, pero los trayectos atravesando París, de vuelta de la sucursal de la Chaussée d'Antin, y sus otros recorridos de trabajo y de vagabundeo, dieron lugar a poemas que pusieron los cimientos de la poesía del siglo XX.

Los trabajos apacibles no son necesariamente menos interesantes para la escritura. El tenebroso Céline consiguió hacer de la profesión médica una prestigiosa empresa internacional: con la Sociedad de Naciones representó, viajando por medio mundo, la medicina occidental (que él llamaba burguesa), antes de convertirse, en los barrios más lúgubres de París, en el más cariñoso, alegre y disponible de los doctores. Y también

Mijail Bulgakov consiguió en 1917, con la Revolución recién estallada, transformar el trabajo de médico en una aventura: hasta se enganchó a la morfina. Había administrado suero antidiftérico a un niño enfermo; aspirando con una cánula de la garganta del muchacho fue atacado por una insoportable alergia. Para aliviar la irritación, tomó morfina y con ella adquirió el hábito de la droga; amenazaba con una pistola a su mujer, que se negaba a proporcionarle opio y calmantes, e incluso, en una ocasión, le tiró a la cabeza una lámpara de petróleo. Sufría crisis depresivas y de terror a ser descubierto. Contó todo en *Morfina*; fue el trabajo de escritor lo que le liberó. Arthur Schnitzler, por el contrario, solo se vio moderadamente importunado por su profesión de médico y, sobre todo, por su vida social. Se divertía «en sociedad, mucho en los bailes», escribió en febrero de 1881: «Bailo con más pasión que nunca. En casa a las seis. Poco después he ido a la sala anatómica a hacer la autopsia de una joven. Estoy confuso».

Algunos escritores han falseado experiencias de su vida para hacer más creíbles sus novelas: «Tú solo has visto Verona», decía haciendo punto tía Ada, a quien Emilio Salgari intentaba seducir con sus locuras («Vuelvo de Calcuta, salgo para África»): «Verona, y un poco del Adriático». En el *Italia Una*, en efecto, que hacía la ruta entre Pellestrina y Brindisi, cargado de tantas lecturas sobre naufragios y de aventuras como pudo, listo para desafiar los hielos del Polo y el calor del Ecuador, el joven Salgari cruzó el Adriático. Un huracán se abalanzó sobre la barca pesquera, de las que en Venecia llaman ratones, y el joven, contagiado de la desesperanza del cocinero de a bordo, pensó: «Está visto que no volveré a probar las sopas de mi madre». Volvió a Venecia afirmando que se había convertido poco menos que en capitán de gran cabotaje, y contando historias de Sumatra, de Borneo y de Ceylán. El director de *La Valigia* lo tomó en serio, porque estaba en Milán, y fue así como le publicó su primera novela.

Creyendo, tal vez con razón, que hacer literatura los aleja de los hombres, muchos escritores utilizan sus trabajos para acercarse a la gente común. En 1928, George Orwell renunció a la policía birmana. Sentía que, si quería convertirse en escritor, debía desistir de todos sus privilegios, coloniales y de clase, y conocer la vida de los marginados. Vendió sus abrigos y soportó heladas rodeado de vagabundos, que no lo rechazaron —como él temía— a pesar de su acento de Eton. Aprendió que, tras pasar catorce horas limpiando platos o siendo portero en Les Halles, no se tienen ganas de lavarse ni tiempo para pensar, y se pierde poco a poco conciencia del mundo exterior; aprendió también que en ciertas zonas de Londres las pulgas son más grandes. En resumen, vivió toda la experiencia que, en 1933, se convirtió en *Vagabundo en París y Londres*, y poco a poco en el resto de sus obras maestras. Hasta *1984*, que escribió a máquina mientras estaba internado en un sanatorio (por esa vida que había llevado contrajo la tuberculosis), dedicando a la novela unas horas al día, cuando tenía fuerzas. Lawrence de Arabia, acostumbrado a dormir en un agujero excavado en el desierto y a cambiarse de ropa cada cuatro meses, también sufrió horriblemente escribiendo *Los siete pilares de la sabiduría*, trabajando sin horarios y comiendo en las estaciones, porque estaban abiertas toda la noche; dormía en el Embankment, con los vagabundos, y acabó implorando su ingreso en la RAF como simple aviador y bajo nombre falso (quería escapar de los periodistas), porque quería confundirse con sus «semejantes».

André Malraux, cuando era ministro, solo escribía sus libros de noche y pensaba que para crear, como para hacer política, era necesario conocer la naturaleza humana. De hecho, reprochaba a De Gaulle no haber «comido con un fontanero» en su vida. Ottiero Ottieri dejó a su familia, las comodidades y los estudios literarios para convertirse en un intelectual de izquierdas; así acabó de cortador de cabezas —peor: reclutando trabajadores, entre cuatrocientos mil candidatos— en Pozzuoli. Escribió una obra maestra, *Donnarumma all'asalto*, divertidísimo y desgarrador testimonio de la cultura de empresa en el marco del atrasado sur italiano de los años cincuenta.

Distinto es el caso de Colette. Famosa ya como escritora, utilizó su fama para fundar una pequeña empresa con la que ganar dinero. Abrió en 1932, en plena Depresión y con casi sesenta años, un instituto de belleza, financiado por la princesa de Polignac y por el bajá Al-Glawi, y para el que contó con el apoyo del ministro Maginot (el de la línea defensiva). Colette creó polvos y cremas, diseñó el logo para las etiquetas —un dibujo de su perfil—, e incluso atendía personalmente a los clientes en los grandes almacenes y en las sucursales que se abrieron por toda Francia. Por otra parte, ya en 1909, el avispado marido de Colette, Willy, había aprovechado el éxito de las novelas de la serie de *Claudine* para lanzar lociones y perfumes con esa marca; pero también los calcetines de niña maliciosa, el célebre cuello de colegiala y sombreros, delantales, cigarrillos y helados. La moda se difundió tanto, que incluso las casas de citas ofertaban falsas colegialas al estilo de Claudine. Sin embargo, el instituto de belleza fracasó. Pero el novio de Colette, Goudeket, que mientras tanto se había puesto a vender émbolos de su invención, pensaba que la empresa no había sido del todo inútil. Para la escritora, el contacto con el público («esa estancia entre los seres vivos») le había inspirado nuevos temas y un nuevo registro, más áspero y sin adornos.

Para algunos, el trabajo elegido no es la escritura. Boris Vian, seguramente, amaba más el jazz y su trompeta, que acabaría por romper su corazón defectuoso. Antoine de Saint-Exupéry pensaba que su verdadero trabajo consistía en pilotar aviones. Era la época en la que se navegaba a la vista; sobre los mapas, los pioneros de la aviación nocturna señalaban naranjos y arroyos, y, cuando aterrizaban al atardecer, procuraban evitar los barcos de pesca. Antoine era ya una leyenda cuando, en 1931, se presentó a recibir un premio literario con traje y alpargatas. Llevaba volando veinte horas y no se había afeitado desde hacía tres días; además, tenía toda la cara negra de hollín. Para pagar sus deudas, intentó batir un récord de vuelo para el que estaba previsto un premio de cincuenta mil francos. Cayó en el desierto, el desierto en el que aparecerá el Principito para irritar al aviador varado con sus preguntitas metafísicas. Saint-Exupéry escribió de noche la fábula más leída en el mundo, porque era 1942, él estaba en Estados Unidos y el Ministerio de la Guerra de Washington le consultaba para interpretar las fotos de reconocimiento aéreo. En primavera, Saint-Exupéry estaba ya en África, retomando el servicio activo; no había libro más instructivo, decía, que la tierra vista desde el cielo.

También William Faulkner habría querido volar. Al final de la Primera Guerra Mundial, se compró un uniforme de oficial de la RAF y entró en Oxford (en Mississippi) cojeando. Contó que había sufrido un accidente aéreo. Cuando no iba de uniforme, paseaba con los pies descalzos, vestido como un vagabundo. En la universidad encontró, sin embargo, algún que otro empleo: guardarropa, regidor para el teatro y hasta cartero (aunque se negaba a ordenar el correo, y los paquetes se los devolvía al remitente). Trabajaba por la noche en la sede de la universidad: debía cargar la caldera de carbón; mientras tanto, sobre la carriola oxidada escribía cuentos, con los que finalmente ganó algún dinero. Con el tiempo consiguió comprar una casa de estilo colonial, Rowan Oak, donde, con dos criados negros, aparentando aristocráticos orígenes sureños, pudo dedicarse al duro trabajo de la literatura: escribía durante doce o trece horas seguidas.

Raffaele Viviani fue acróbata. Chaplin no era todavía Chaplin, y Blaise Cendrars tenía todavía dos manos cuando fueron presentados en el escenario de un cabaret de Londres. Era 1910. Por la noche, Cendrars veía al pequeño clown —al que molían todas las noches a patadas en el culo— intentando leer a Schopenhauer. Cendrars hizo después mil trabajos y escribió poemas revolucionarios; pero fue la Gran Guerra, de la que salió con los ojos vacíos y con un muñón como brazo derecho, la que lo convirtió en actor —para Abel Gance, que buscaba secundarios para una película contra la guerra—. La fama le llegó sin embargo por una novela, *El oro*, nacida en Brasil, donde Cendrars había intentado, en vano, crear una pequeña empresa de importación y exportación.

La política, en estos vínculos entre trabajo y escritura, raramente tiene un gran papel. Paul Morand, sin embargo, a quien la carrera diplomática había puesto a mirar «hacia el Pacífico», y cuyas siguientes novelas exóticas lo convertirían en un escritor de éxito, se volvió grande cuando, tras haber pensado que Alemania granaría la Segunda Guerra Mundial, fue invitado a «aprovechar su derecho a la jubilación», y se instaló cómodamente en Suiza. La escritura deslumbrante de antaño se volvió seca, desértica; los temas, amargos. (También padecería una forma de depuración el exempleado de banca Jean Giono, aunque era pacifista y no había tenido nada que ver con los nazis de la ocupación; algo que tuvo espléndidas consecuencias para su escritura.) En 1938, Marguerite Duras, que era licenciada en Ciencias Políticas, ingresó «fácilmente» en el Ministerio de las Colonias. Ganaba 1500 francos al mes, y era tan brillante que pasó a escribir los discursos del ministro Mandel. Sus obras sobre la opresión del sistema colonial estaban todavía por llegar. Mientras tanto, la Duras defendió la función militar y estratégica de las colonias; como promotora auxiliar en el Comité de Propaganda del Plátano Francés, redactó, a petición del ministro, su primer libro. Se titulaba *L'Empire français*.

La austera Nathalie Sarraute era abogada. Ejerció mientras daba a luz a tres hijas y también *Tropismos*. Pero, durante la ocupación nazi, las leyes antisemitas del gobierno colaboracionista de Vichy hicieron que fuera eliminada del registro; se divorció entonces de su marido a fin de poder mantener su trabajo, y fingió ser el ama de llaves de sus hijas, que la llamaban *mademoiselle*. Pero en sus alegatos juveniles «la libertad desconocida» del discurso la había liberado para siempre de la lengua literaria. Y desde entonces la eludió —junto a los terribles protocolos de los sentimientos— gracias a un lenguaje precoz y aún no formulado. A la primera editora de Bruce Chatwin le parecía que, después de haber trabajado para la casa de subastas Sotheby's, Bruce escribía como si todavía redactase catálogos: buscaba el origen y la procedencia de un rito o de una historia, y señalaba todas las singularidades exteriores con la precisión «de un francotirador».

Sobre todo, los escritores del siglo XX obligados a vivir trabajando envidian a los colegas que se consagran a la literatura. Svevo admiraba la firme dedicación de Joyce a su propio talento. Pero, mientras tanto, cuando la ocasión se presentaba, no siempre aceptaban los encargos. Cuando en 1955 el editor Garzanti ofreció a Gadda un anticipo para que dejase «la amable RAI» para acabar *El zafarrancho aquel de via Merulana*, el ingeniero aceptó, pero no hizo nada. Se trasladó a catorce kilómetros del centro, para no encontrarse con los excolegas, pero se pasaba el día viendo la tele del vecino del piso de abajo, que era colaborador en la radio. Le parecía que él y su mujer le censuraban en silencio su condición de parado; habría entonces querido replicar: «Amigos míos, me gustaría veros a los sesenta años». De la revisión de *El zafarrancho...* decía: «¡Estoy harto de este curro! Pero no lo digáis, porque debería ser mi obra maestra». Normalmente, las horas perdidas con los trabajos alimenticios trabajan subterráneamente, y al final casi siempre afloran en las obras maestras de los escritores. También los surrealistas, para quienes trabajar estaba prohibido —porque el capo, André Breton, quería cambiar el mundo—, conocieron una excepción, que acabó en poesía. Aragon, en 1930, estaba tan enamorado de Elsa Triolet, y sufría tantas restricciones, que forró de terciopelo negro una maletita, y fue a ver a los grandes sastres para ofrecerles las joyas falsas creadas por él: «Hacía joyas por el día y por la noche / todo se volvía collar en tus manos de Ópera».

Maxim Gorki

De niño, sus compañeros de clase lo llamaban «mendigo», porque, tras la escuela, iba por las calles y por los patios recogiendo huesos de buey, trapos, clavos... Todo lo que pudiera vender a los traperos. Los kopecs que conseguía, Alexei Peskov —que más tarde será conocido como Gorki— se los daba a su abuela, quien, a su vez, para ayudar en casa, se había puesto a bordar ropa. La tintorería del abuelo, en Nizhny Nóvgorod, no marchaba bien. En su juventud, el abuelo había conducido barcas por el camino de sirga en las orillas del Volga, pero después había conseguido poner en marcha un pequeño negocio, y desde entonces se había vuelto algo esnob. Tanto que, cuando su hija Varvara comenzó a salir con un simple carpintero, la echó de casa. El carpintero murió de cólera a los treinta y un años, y Varvara volvió a casa con un niño en brazos (el futuro Gorki), pero fue acogida con suspicacia por los dos hermanos varones, que temían que el abuelo le diese la dote que le tocaba. Cada día, cuando se sentaban a la mesa, era una batalla. Para separar a los litigantes, solían atarles las manos a la espalda con grandes toallas. La violencia era cotidiana. Un día el abuelo empezó a golpear al pequeño Gorki con una verga de sauce, gritando «yo lo mato» y no se detuvo; el niño perdió la consciencia y, durante los días siguientes, mientras se recuperaba lentamente acostado boca abajo, incubó una intolerancia a las ofensas, a sí mismo y a los demás, de la que nunca se curaría. También su madre le pegaba; una vez que discutió con un compañero nuevo, y este le empezó a dar patadas en el vientre, Alexei, cuchillo en la mano, lo atacó con todas sus fuerzas; escapó chillando, mientras la madre insultaba al niño. Las salvajes costumbres rusas, escribirá un día Gorki: ¿hago bien hablando de ellas?

Cuando era adolescente, Gorki entró en una banda que se dedicaba a robar leña y ejes en los almacenes, y los transportaban sobre el hielo y la nieve. La verdad es que el robo no estaba muy mal visto entre los más pobres. Cada domingo, los hombres presumían y los chavales aprendían. Gorki era especial; una vez robó un rublo a su madre para comprarse cuentos de Andersen. La madre le golpeó con un cacharro de la cocina, pero después le perdonó; sentía cierto respeto por los libros. Sin embargo, cuando en la escuela —era muy brillante— le dieron de premio tres libros (los Evangelios, las fábulas de Krylov y la historia de Fata Morgana), corrió a revenderlos, y le entregó triunfalmente a su abuela los cincuenta y cinco kopecs que sacó. Acabó así con los estudios. Mientras tanto, su padrastro se había ido, y su madre, minada por la tuberculosis, un día, tras haber pegado a su hijo de plano con un largo cuchillo flexible, se derrumbó, muerta. La familia, arruinada, vivía desde hacía tiempo en un sótano. «No eres una medalla», le dijo al joven Gorki el abuelo, poco después del funeral: «No puedes estar para siempre pegado al cuello de tus familiares. ¡Ve a ganarte el pan!». Gorki se marchó de casa. Tenía once años.

Se empleó entonces en una zapatería de señoras. El propietario, Porkunov, se sorprendía de que Gorki fuera tan extremadamente educado con las clientas, y de que después, cuando salían, se dedicara a hacer comentarios obscenos sobre ellas. Por un kopec, el asistente Gorki debía limpiar los zapatos de los empleados, barrer, calentar el samovar y repartir paquetes por toda la ciudad. Pero un día se le derramó encima una marmita de sopa; con la mano quemada no podía trabajar y tuvo que volver a casa. El abuelo, entretanto, se había arruinado completamente, y estaba más amargado y violento que de costumbre. La abuela pensaba que tenía que recuperar el favor del cielo, y se llevaba al nieto al bosque a recoger setas y hierbas medicinales, que luego vendían. Parte de lo recaudado se destinaba a los pobres; la limosna consistía en dejar sobre el borde de las ventanas paquetes de tres galletas. «Sería hermoso ser un bandido, robar a los ricos y a los avaros, y dar todo a los pobres», pensaba Gorki. Un pensamiento que dejó escrito en el libro que consagró a narrar sus trabajos, titulado *Entre los hombres* —Gorki dedicó a su formación tres escritos autobiográficos, *Días de infancia* (1913), *Entre los hombres* (1915) y *Mis universidades* (1923). El abuelo lo colocó en el estudio de un delineante de una empresa de construcción, llamado Serguejev, pero Gorki fue transferido al servicio de la mujer, que se pasaba el día discutiendo con la suegra.

Un día, la mujer se cortó con un cuchillo en el baño y comenzó a gritar. El muchacho fue el encargado de alcanzar la ventana con la escalera y romper el cristal, y la mujer le respondió golpeándole por el cuchillo (afortunadamente, por la parte del mango). Cuando, debido a su insistencia, el patrón lo ponía a dibujar, y podía aprender algo, las dos mujeres derramaban el aceite de lámpara sobre sus bocetos. Gorki quería huir, pero estaban en pleno invierno ruso, y era imposible escapar.

En primavera, un día que lo habían mandado, con veinte kopecs, a comprar el pan, Gorki desapareció. Tenía miedo de volver a casa, y se le ocurrió acercarse a la ribera del Volga. Vio que buscaban un pinche para el vapor *Dobry* («Bueno»), y Gorki se embarcó. Tenía doce años y, por dos rublos al mes, trabajaba en la cocina desde las seis de la mañana hasta medianoche. El vapor arrastraba una barcaza que transportaba una jaula de hierro llena de convictos destinados a trabajos forzados. Para Gorki empezó entonces la emancipación. El cocinero, Smoury, amaba los libros. Los tenía en una caja: había desde un *Tratado sobre las chinches* a la *Correspondencia de Lord Sedengal,* pasando por los *Preceptos* de Omer. Smoury hacía que el muchacho se los leyera en voz alta, dispensándolo de otras tareas. La mujer del capitán tenía una cierta cultura, y prestaba a Smoury libros más significativos. Cuando el cocinero y el pinche leyeron *Taras Bulba,* de Gogol, se pusieron a llorar.

A bordo, todas aquellas finezas estaban mal vistas. Gorki fue acusado de un robo y desembarcado a la fuerza. Smourny lo despidió con una recomendación: «Lee, lee libros; no hay nada mejor en el mundo».

Al llegar a casa, con ocho rublos en el bolsillo, Gorki fue acogido por el abuelo con los insultos habituales; él le respondió propinándole un golpe en el vientre. Siguieron gritos y recriminaciones. Gorki empezó a cazar pájaros canoros, que vendía en el mercado; pero el abuelo, reconciliado, lo envió de nuevo con el delineante Serguejev. Por la noche, el muchacho leía viejos periódicos, pero la patrona lo acusó de gastar inútilmente las velas. Gorki comenzó entonces a recoger dentro de viejas latas de sardinas la cera que caía de los candelabros. Un día que se distrajo leyendo, un samovar explotó. La patrona golpeó al muchacho con vergas de abeto, tan salvajemente, que los médicos le tuvieron que extraer de la espalda cuarenta y dos agujas de pino. Aquello era maltrato a un menor, pero Gorki no quiso presentar denuncia, y los Serguejev, agradecidos, lo dejaron en paz. Gorki enumeró en sus escritos autobiográficos todos los libros que leyó por entonces, con el nombre de quien se los prestaba: las novelas mundanas francesas que le dejaba una vecina loca, y la revelación de Balzac; después vino Pushkin, prestado por una mujer bellísima y misteriosa.

De regreso al Volga, de nuevo para ser pinche, un fogonero, que había sido en tiempos ladrón de caballos, se sorprendió de que en las novelas francesas que Gorki leía nadie trabajara. Aquella fue una revelación también para Gorki, que nunca lo había pensado. Con el invierno y con el Volga helado, le tocó buscarse un nuevo trabajo, y Gorki acabaría contándole las novelas que había leído a los integrantes de un gabinete de pintores de iconos. Eran veinte miniaturistas, reunidos en una minúscula habitación, y estaban acostumbrados a cantar canciones tristes. La novedad lograba reanimarles más que el vodka. Gorki escribió después que no se creían una palabra de las atroces vivencias verdaderas que él les narraba; sin embargo, prestaban fe ciega a los cuentos y a las novelas. Gorki habría querido dedicarse a la pintura, pero le hicieron encargado de las ventas, y le tocó pelear con campesinos avaros y devotos. Volvió con el delineante Serguejev, que lo aceptó, por cinco rublos al mes, como vigilante de obras. Todos robaban, anotó después Gorki, quien dejaba hacer a los maleantes. Y, mientras tanto, conversaba con los trabajadores temporales, a menudo antiguos campesinos, y observaba su ancestral desconfianza y el modo en que se resignaban a su suerte. Prefería, sin embargo, a los trabajadores del gremio, más abiertos a las reivindicaciones. De vez en cuando salía a pasear por Millionnaya, la calle irónicamente llamada 'de los millonarios', y allí contemplaba toda la galería de vagabundos y desarraigados que luego poblarían sus relatos.

A los dieciséis años, un amigo le convenció: estaba tan capacitado, que tenía que ir a la universidad. Gorki se mudó entonces a Kazán. Las clases le confundían; todos aquellos nombres se le mezclaban en la cabeza: Lavoisier y Dumouriez, ¿quién le había cortado la cabeza al otro? Por encima de todo detestaba la gramática, una forma extraña y osificada, que él creía incapaz de contener la caprichosa lengua rusa (*Mis universidades*). Estudiaba en el sótano de un palacio en ruinas: «Aquel sótano memorable constituyó una de mis universidades preferidas». Hacía cualquier trabajillo que le saliese en las orillas del Volga, rodeado de descargadores. Transportaba cajas de cien libras, porque los muchachos, por envidia de los mayores, acostumbraban a llevar pesos demasiado grandes para ellos. Gorki no sabía cómo en una de aquellas no se rompió o mutiló de por vida *(Entre los hombres)*. Pero amaba a esas bestias bípedas, «borrachos de trabajo hasta olvidarse» (*Mis universidades*). Un día, un perista le dijo: «Tú, Peskov, no debes robar. Tú eres un idealista». «¡Idealista! ¿Qué quiere decir 'idealista'?» «Uno que no tiene caprichos ni envidias, sino solo curiosidad.»

Por la noche, trabajaba en una fábrica de galletas. También esta vez en un sótano: amasadoras y hornos se encontraban en una bodega sobrecalentada. Trabajaba catorce horas al día, y frecuentaba las reuniones clandestinas de estudiantes «narodniks», los populistas del socialismo idealista de los campesinos. No obstante, él prefería los trabajadores marxistas. Un amigo, Derenkov, abrió una panadería y Gorki empezó a trabajar con él. Un día se enteró de que su abuela había muerto siete semanas antes, mientras pedía limosna en el pórtico de la iglesia. Entonces (era diciembre de 1887) desempolvó sus ahorros, compró un viejo revólver del ejército, se fue a la orilla del Kazanka y se disparó en el pecho. «La culpa», había escrito en una nota, «es del poeta Heine, que inventó el corazón con un dolor de muelas.»

En el hospital, mientras se debatía entre la vida y la muerte, los médicos dudaban de si merecía la pena operarlo. Sin embargo, Gorki se recuperó. Tan bien, que se las arregló para conseguir una botella de clorhidrato y se la bebió. Le hicieron un lavado de estómago, y en cinco días volvió a la panadería. Pero la policía empezó a ponerlo bajo vigilancia, porque su nota de suicidio había sido entregada a la asamblea local de la Iglesia ortodoxa, a quien no le había gustado nada. El tribunal eclesiástico del monasterio de San Teodoro lo convocó, y, para gran estupor por su parte, lo excomulgó durante siete años.

En marzo de 1888, un amigo de Derenkov, el panadero, le propuso trasladarse a su panadería de Krasnodivovo, cerca del Volga. Era un populista, y una estancia obligada en Siberia no había logrado moderar sus ideas. Le incendiaron el almacén, y un compañero suyo fue cortado a hachazos. Le dispararon, y también Gorki se vio envuelto en un tiroteo, así que prefirió volver a la marinería en el Volga, sin olvidar jamás los consejos de su amigo: «Debes instruirte, pero sin que los libros escondan a los hombres». Llegado a Astracán, Gorki trabajó en una pesquería calmuca. Recorrió el Cáucaso a pie, pero de regreso a Volgogrado, la futura Stalingrado, un amigo progresista le encontró empleo de vigilante nocturno en la estación de Dobrinka. Fusil a la espalda, vigilaba los almacenes de seis de la tarde a seis de la mañana. Después encontró trabajo como «responsable de pesaje» en la estación de Krutaya. Como mientras tanto había empezado a escribir poemas, quiso ir a Moscú a enseñárselos a Tolstói, pero allí solo encontró a su mujer. Sobre un carro de bueyes, volvió entonces a su Nizhny Nóvgorod, a trabajar en un depósito de cerveza. Enseñó los poemas al escritor Korolenko, que los encontró llenos de errores y de imágenes demasiado fuertes. Gorki se puso rojo «como un carbón rusiente»; dejó de escribir durante dos años. Y, a pesar de tener un buen empleo con un abogado liberal, se decidió a recorrer la gran Rusia de un extremo a otro.

Fue pescador en el mar Negro, trabajó en las salinas, vendimió en Besarabia y fue descargador en Odesa; fue interrogado por la policía y liberado en Tiflis, donde administraba una fundición. Un amigo populista, fascinado por sus cuentos, le recomendó que escribiera «lo que se le pasara por la cabeza». Uno de sus relatos, «Makar Cudra», fue aceptado por un periódico. Gorki, que había atravesado Georgia para construir una carretera en el mar Negro, volvió emocionado. Un periodista le preguntó cómo quería firmar. Gorki recordó que su abuelo le llamaba «amargo», «gorki», a causa de su lengua larga, y eligió aquella palabra como seudónimo. Así fue como nació Maxim Gorki.

Desde entonces comenzó una fortuna literaria que sorprendió, antes y después de todo, al mismo Gorki. Como redactor de la *Hoja de Nizhny Nóvgorod* y colaborador de otros periódicos, se encontró en cierto momento teniendo que escribir dos artículos al día. Gorki, que había hecho tantos trabajos pesados, declaró entonces que ese trabajo «en galeras» era superior a sus fuerzas.

A galeras fue de verdad, y a un largo exilio en Italia, pero se convirtió en la referencia literaria de la Rusia revolucionaria. Sus más bellos escritos son aquellos en los que, con gran emoción y potencia, y con énfasis de imágenes («no uses las palabras, sino las pesas», le habían dicho cuando era todavía estudiante») hablaba de sí mismo y de los pobres, de todos los vagabundos y los marginados que había conocido en sus mil trabajos. En 1902, la compañía moscovita de teatro, dirigida por Stanislavski, debía poner en escena *Los bajos fondos* (más que un drama, una galería de retratos de los desheredados de Rusia). La compañía fue al mercado Khritov, una especie de corte de los milagros donde vivían vagabundos harapientos, ladrones y mendigos. Les hicieron hablar; algunos parecían muy cultos. Fue entonces cuando los actores tuvieron que admitir que los retratos de Gorki eran del todo verosímiles.

Paul Claudel

En 1901, cuando Paul Claudel viajó a China para tomar posesión de su puesto de cónsul, era virgen y «ultracatólico». El barco en que viajaba era uno de los primeros en estar iluminado con luz eléctrica, y brillaba. Durante una fiesta a bordo, Claudel se encontró en la baranda con una mujer, esposa de un hombre de negocios belga. La mujer le contó su primer recuerdo: su padre, Ladislao, un rebelde polaco, en una reunión clandestina, había hecho jurar a los conspiradores con una espada desenvainada sobre la cabeza de su hija. Le habló también de las troikas en la nieve; se escondían bajo las pieles y bebían vino especiado. Y ahora, entre las cajas de té chinas y de pimienta de Borneo, las balas de seda y junco y los vendedores de cuernos de antílopes, observó que las mansiones coloniales le recordaban a las casas «leprosas» de las que habla la Biblia (¡leía la Biblia!). Claudel se enamoró de ella al instante.

En el Consulado de Fuzhou, Francis Vetch tomó contacto con Claudel dieciséis días después que su mujer, la seductora

Rosalie. La había enviado por adelantado para asegurarse la complacencia del cónsul: y, en efecto, el cónsul estaba bastante complacido con ella. De sus encuentros nacieron una hija adúltera y *Partage du midi,* (Claudel escribió el drama en 1905, y lo publicó en 1948, a los ochenta años). Toda la familia —marido, mujer y cuatro hijos— se instaló en el consulado. Rosalie se trasladaba en los palanquines de las mujeres de los mandarines, que la recibían. Claudel rechazó el nombramiento como cónsul en Hong Kong. Y, en el cumplimiento de su cargo, mostró un favoritismo incondicional por Francis Vetch en los asuntos de su competencia. Inmediatamente le fue confiada una expedición para la búsqueda de zonas mineras; la protesta de otro concurrente, Blanchot, motivó una inspección. En otras dos iniciativas, la compra de la Isla de los Monos y la gestión de la emigración de culis chinos en Madagascar, Claudel reconoció haber favorecido a Vetch, otorgándole concesiones en régimen «de monopolio». Las cuestiones sobre inmigración son demasiado delicadas («los hombres no se manejan como balas de paja»), y tienden a ser asignadas a una sola persona. Había habido entre los emigrantes muchos muertos. Claudel fue protegido por la intervención personal de Berthelot, responsable de la cartera de Asuntos Exteriores.

Claudel obtuvo del virrey del Minch el compromiso de que ninguna mina fuera abierta sin la autorización de Vetch. El 5 de julio de 1902, Vetch se convierte en presidente de la Sociedad Minera Hoa hu, ligada a la Compañía Internacional de Oriente, cuyo representante era también un querido amigo de Claudel. Otro proyecto, el aprovisionamiento de la ciudad de Fujian de arroz y algodón, productos obtenidos de la colonización de las tierras no explotadas del Annam, supone la constitución de un sindicato, cuya dirección también se otorga a Francis Vetch.

Para persuadir al virrey del Minch de adjudicar al francés la explotación de las minas, Claudel echa mano de argumentaciones sutiles, jugando con la *pietas* china ligada a los antepasados. Son ellos quienes han transmitido las minas a sus descendientes, y de ahí proviene su derecho a disfrutarlas. Después, el cónsul asegura que la compañía, a cambio de la autorización para la explotación de las minas, pagará 6000 dólares sobre 8000 de las tasas recién impuestas a las colonias.

Claudel se interesó muy seriamente por la situación de los mineros chinos. Bajó personalmente «al pozo de la mina de Lintching, que aún sigue siendo explotado por los chinos. Es desgarrador», escribió, «ver a esos jóvenes, que tendrán como mucho de doce a veinte años, completamente desnudos, doblados en esas galerías cuya altura varía entre los sesenta centímetros y el metro veinte, a menudo obstruidas por el tubo de la bomba, cuya anchura apenas es suficiente para dejar pasar a dos personas a la vez. El carbón es transportado en pequeñas cestas sobre cuatro ruedas de madera, de las que se tira con una cuerda; normalmente faltan una o dos ruedas, así que la cesta golpea sobre el terreno, y redobla la fatiga del transporte. A veces la marcha de estas bestias de carga era reanimada a golpes de bastón».

El asunto de los mineros nunca llegó a solucionarse del todo. Después de cuatro años de amor en China, entre bosques de cedros, Rosalie, embarazada, y presionada por nuevas inspecciones, se vio en la necesidad de volver a casa. Durante el viaje decidió abandonar tanto al marido como a Claudel. Abrumado por el dolor, el cónsul caminaba de una pared a otra con risa de loco. En cuanto Rosalie encuentra un nuevo compañero, rico y educado, los dos hombres parten juntos para intentar secuestrar a su hijo. Llegan a Bruselas. Rosalie, que acababa de despertar, se precipita a la calle, descalza y casi desnuda, persiguiendo a los raptores. Corre sin detenerse, los alcanza y se hace con el bebé. En 1938 proponen a Greta Garbo que interprete a Rosalie en la gran pantalla, pero su hija se opone. En uno de sus bellísimos ensayos, Claudel escribió: «Los procedimientos de introspección recomendados por los griegos («conócete a ti mismo») son falsos. Son los golpes de la vida los que producen en nosotros cosas inesperadas. El secreto de mi existencia está en una mujer encontrada en un barco».

Italo Svevo

Gran industrial triestino, Italo Svevo no trabajó para permitirse escribir: al contrario, la dedicación a la fábrica era tan pesada que tomó la resolución —grave para él— de dejar de escribir. He aquí la historia de esa decisión, y de cómo renegó de ella. Se llamaba Ettore Schmitz; su familia era de origen renano. Su abuelo, Adolf, era un funcionario austriaco; su padre, Francesco, un sobrio, laborioso y rico comerciante de vidrio en la Trieste imperial y cosmopolita del XIX. Francesco tuvo dieciséis hijos, de los que sobrevivieron ocho. Los tres primeros fueron varones, destinados, según él, sin alternativa posible, al mundo de los negocios, por lo que encontró natural mandarles a estudiar a Alemania. Debían aprender la lengua alemana, fundamentalmente, para trabajar en Trieste, y adquirir una buena formación comercial en un colegio especializado, el Instituto Brüssel de Segnitz sobre el Meno, junto a Würzburg. Ettore Schmitz estuvo allí interno durante cinco años. Al final hablaba un alemán aceptable, pero, se decía, no perfecto. Su hermano Elio, en su diario, escribió que había notado «con estupor» que Ettore consagraba todas sus horas libres a la lectura. Al principio, eran los clásicos alemanes, pero parece, de hecho, que, cuando descubrió a Shakespeare, Ettore Schmitz decidió sortear las obras en alemán organizando una lotería de los libros que poseía de Goethe; *Hamlet*, siempre en alemán, le fue, sin embargo, confiscado porque pasaba las noches leyéndolo y releyéndolo.

De regreso a Trieste, en 1879, con diecisiete años, Ettore fue matriculado en un instituto superior de comercio, la Fondazione Revoltella, donde algún día se encargaría de los cursos de correspondencia comercial. Fueron dos años de trabajo intenso, que le permitieron —escribió— ver más claro en sí mismo y le hicieron comprender que no había nacido para el comercio. Cuando su padre murió, ya componía versos y comedias. Ettore Schmitz tuvo que encontrar un trabajo de un día para otro. Puso un anuncio en un periódico de Trieste, y fue rechazado en un par de empleos porque era judío.

Fue un amigo quien le encontró un trabajo en el sector bancario: traductor en la sucursal triestina del Gran Instituto de Crédito Unión, que tenía su sede en Viena. Entró allí el 27 de septiembre de 1880, y se quedó durante dieciocho años. Cobraba según la costumbre, muy poco. Su trabajo consistía en escribir las cartas en alemán y en francés. La vida gris de empleado y la mezquindad de los informes de trabajo de esa época tienen su reflejo en una de sus novelas, *Una vida*. En ella, cada labor rutinaria y cada miseria inherente a su experiencia como chupatintas se convierten en monumentos mínimos a la ironía: el empleado modelo corre siempre y lleva en brazos un gran fajo de cartas, y por exceso de celo se le altera también la mirada. Pero, ante todo, es sobre quien recaen los sarcasmos: «Alfonso creía tener espíritu y lo tenía, de hecho, en los soliloquios». *Un inepto*, en suma (ese era el primitivo título, corregido por la editorial, que lo encontraba desalentador). Mientras tanto, sin embargo, Alfonso intenta seducir a la hija del propietario del banco, aunque el intento de ascenso social acaba, como siempre en Svevo —pues a menudo, en efecto, Ettore Schmitz firmaba como Italo Svevo— en fracaso. La vida irá en otra dirección. Svevo, con un fortísimo acento triestino, era un conversador divertido y surreal y hará una buena boda (que resultará desastrosa para la literatura).

En 1895 Svevo perdió a su madre. Nunca había escrito sobre ella, pero desde entonces anotará continuamente, en las cartas y en el diario: «cuatro menos siete de la tarde», que fue la hora de su muerte. Ahora, mientras Svevo se encontraba, aturdido, a la cabecera de su madre, una bellísima y jovencísima prima, Livia Veneziani, le sirve, para reanimarlo, un vasito de marsala. Para Svevo, fue en aquel momento cuando cristalizaron sus sentimientos, hasta entonces vagos, hacia la prima; sentimientos que se convirtieron en amor. Livia era una suerte de madre resucitada, quizás porque estaba íntimamente ligada a la difunta: el abuelo de Livia era su hermano. En resumen, dos meses después, los dos estaban comprometidos.

Entra en ese momento en la vida profesional de Svevo una figura de la máxima importancia, su suegra. «Pequeña, seca, nerviosa», la temible Olga Veneziani era una mujer notabilísima, que llevaba las riendas de la familia y de la empresa fundada por su marido Gioacchino, la famosa fábrica de pintura de barcos Veneziani. Sin ser químico de profesión, Gioacchino Veneziani había sido en su juventud, en Marsella, droguero. Así, había puesto a punto la fórmula de una pintura que mantenía los cascos de los barcos libres de incrustaciones de moluscos y de algas, que ralentizaban el movimiento, protegiéndolos, además, del óxido. Era una especie de jabón duro, que no se derretía fácilmente, y que, cuando lo hacía, duraba mucho en la quilla autolimpiante. Era la pintura que las líneas austrohúngaras de la Lloyd certificaban como de excepcional calidad, y que la mencionada Veneziani había hecho célebre en media Europa.

Olga se oponía al matrimonio de su hija con ese primo trece años mayor, fracasado familiarmente y con un trabajo misérrimo y sin porvenir. La boda se celebró, empero, y el *ménage* se instaló, durante los siguientes treinta y dos años, en la lujosa villa Veneziani. Entre glicinias, lámparas de Murano y pianos de cola, y con los suegros viviendo en el piso de arriba, Svevo continuó desarrollando cuatro trabajos a la vez, todos malpagados e inadecuados para el lujo y boato que les rodeaba: era todavía empleado de banca, además de profesor de correspondencia comercial en la Fondazione Revoltella, redactor nocturno del *Piccolo* de Trieste y, esporádicamente, colaborador del irredentista *Indipendente*. Estos trabajos siempre le habían dejado tiempo suficiente para acudir a la biblioteca pública a leer novelas. Y para escribir. *Senilidad*, publicada en 1898 por entregas en el *Indipendente*, y después en edición de autor, fue sin embargo un fiasco tal que Svevo tomó finalmente la decisión, aparentemente más razonable, de dejar el banco y entrar a trabajar en la empresa de la familia de Livia.

Olga, «el Dragón», le había impuesto, de hecho, que presentara su dimisión en el banco, escribe Svevo a su mujer. Livia lo sabía bien, añade Svevo en aquella carta de 1898: su marido nunca había deseado riquezas. Pero ahora que asistía al final de sus sueños estéticos, al parecer había cambiado de opinión. Ya tendría tiempo de arrepentirse cuando llegara a viejo, porque había ofendido a su más íntima naturaleza renunciando a la tarea para la que durante treinta y ocho años se había considerado destinado de nacimiento. El hecho de haberse convertido, a una edad madura, en gran industrial pese a sus ideas socialistas; de estar entre católicos intransigentes, siendo él judío, y de hacer vida de sociedad con su carácter solitario reforzaron su pose de «observador divertido», dijo de él el triestino Umberto Saba. Durante casi veinte años, «para llevar a cabo el deber que se había impuesto», Svevo abandonó la literatura, «esa ridícula y dañina cosa». Se trataba de una decisión «firme». Empresario y gran burgués, Svevo, cuenta Pietro Citati, se pasaba la vida «entre las calderas y los condensadores, el polvo de arsénico y los agudos olores de la trementina». Se movía con soltura entre las calderas en las cuales se preparaban las famosas pinturas con la fórmula secreta inventada por Gioacchino Veneziani, y paseaba entre los cubos del muelle donde el producto se aplicaba a los cascos. En traje y polainas, supervisaba el trabajo de los obreros, «y comía junto a ellos pan, sardinas y mostaza». En su tarjeta de visita se leía: «Ettore Schmitz, comerciante».

Le quedaban, no obstante, algunas horas de libertad. Pero Svevo no podía dejarse llevar por el placer de escribir, porque le bastaba una sola línea «para que el trabajo de la vida práctica quedara arruinado durante una semana entera»; volvían de inmediato la distracción y la mala disposición. Para evitar «recaer» en el vicio literario, usó una táctica de distracción: pasó las horas libres que le dejaba su trabajo estudiando violín. «Para creer en la literatura debería ver que hay dinero detrás», decía Svevo del clan Veneziani. A diferencia de las novelas, la música era una actividad apreciada en la casa, y ofrecía a Svevo la oportunidad de aislarse de su suegra, siempre tan «militaresca».

A los viajes se llevaba libros sobre la destilación de la trementina cruda, pero se lamentaba: «Debe de haber en mi cerebro alguna ruta que no sabe parar de hacer novelas que nadie quiere leer, y que se revela y gira como un remolino... Has de pensar en cuánta violencia ejerzo para situarla por debajo de mis nuevas ocupaciones». Pero se llevaba consigo el violín incluso a su solitaria habitación de Londres. Viajaba mucho. Los Veneziani habían implantado una fábrica en Trieste y otra en Murano; abrieron una tercera en Charlton, en la periferia industrial de Londres. En 1901, Svevo fue encargado de implantar el negocio en el extranjero, y a menudo viajaba a Inglaterra, a Chatman, a Plymouth y, por supuesto, a Charlton. En 1906, Svevo decidió aprender inglés; su profesor era un joven irlandés paupérrimo y un poco *dandy* que se llamaba James Joyce.

Había llegado solo unos meses atrás a Trieste, y había abandonado la Berlitz School. Vivía dando clases particulares. Según se decía, era el mejor profesor de inglés de la ciudad. Joyce había escrito ya *Dublineses*, relatos que no habían pasado todavía de la redacción manuscrita; era, por tanto, un perfecto desconocido, y lograba sobrevivir en condiciones más que precarias. Sin embargo, no dudaba de su vocación literaria ni de su talento. Las clases de inglés se convirtieron en apasionadas conversaciones librescas. Joyce, que, además de las dieciocho lenguas antiguas y modernas que conocía, estaba empeñado en aprender el triestino, leyó las obras de Svevo. *Senilidad* le pareció notable. Svevo vio que su joven amigo se consagraba completamente a la literatura; él, que la había abandonado, veía cómo alguien lo trataba, por primera vez, como un escritor.

Estalló la guerra, y Joyce tuvo que dejar Trieste. Svevo se encontraba en Alemania, en Mülheim, cerca de Colonia, donde los Veneziani intentaban abrir una nueva fábrica. Pero con

Italia atacando al imperio austrohúngaro, con las reivindicaciones territoriales de Trento y Trieste, los Veneziani, que eran italianos, escaparon de Trieste, y se refugiaron en Inglaterra. La fábrica cerró. Cada empresa debía tener al mando un ciudadano austriaco, y la gestión de la empresa, hasta entonces confiada a Livia, fue traspasada por delegación a Ettore Schmitz. Svevo había escrito en los periódicos irredentistas, y era dirigente de la Sociedad Patriótica. «Inmundo judío irredentista», así es como lo definía un informe de la policía austriaca del 27 de diciembre de 1915; protegido por la ciudadanía austriaca, trabajaba para la célebre fábrica de Gioacchino Veneziani, «un oficial italiano que combate contra nosotros, huido a Italia... con la competencia camorrística ha arruinado todas las fábricas triestinas de pinturas para barcos». Svevo nunca fue arrestado, aunque frecuentemente fue sometido a interrogatorios. Querían que revelase el secreto de las pinturas. Quizá era que simplemente Gioacchino Veneziani había mezclado jabón de Marsella vulgar y corriente (a los ingleses les parecía «una especie de jabón amarillo pálido con sulfato de cobre») con la propia pintura, para volverla más resistente y anticorrosiva. Svevo no confesó, pero manipuló los documentos con la fórmula secreta y, en un viaje a Viena, incluso intentó desbloquear el secuestro de la fábrica, que retomó una cierta actividad. Pero a menudo tenía tiempo libre y, con la ayuda de un sobrino, comenzó a traducir un ensayo de Freud sobre el sueño. En 1911 uno de sus cuñados, Bruno Veneziani, viajó a Viena para curarse con Freud. La cura había sido un fracaso, y Svevo sostuvo siempre que el uso adecuado del psicoanálisis era el literario, y que a menudo ciertas enfermedades son más agradables e interesantes que la salud. En 1919, durante la euforia del traspaso de Trieste a la República italiana, Svevo vuelve a verse atrapado «por los antiguos fantasmas». Con «la petulancia de todos los liberados», retoma su labor como escritor. Colabora en los comienzos del periódico italiano *La Nazione*, que han fundado unos viejos amigos, Silvio Benco y Giulio Cesàri. Y vuelve a la narrativa. Si Italia no hubiese ido a él, él nunca habría pensado en comenzar una novela cuatro meses después de la llegada de las tropas italianas, «como si fuese una cosa natural, ¡a los 58 años!».

La nueva participación accionarial de la empresa dejaba cierto espacio a los devaneos literarios. Olga, que se había quedado viuda en 1921, poseía la mayoría de las acciones; el resto pertenecen a las hijas y a Bruno, el único vástago varón. Los yernos quedan como «laboriosos príncipes consortes». Svevo es nombrado vicepresidente vitalicio; pero el marido de su hija Letizia, que ha ingresado también en la empresa, pronto le aligera de sus tareas.

También *La conciencia de Zeno* es recibida por la crítica con total silencio. Solo Joyce le escribe: «¿Qué se esperaba? Debe saber que es, de muy lejos, su mejor libro». Joyce obra entonces «el milagro de Lázaro»: le habla de la novela a sus amigos franceses Valery Larbaud y Benjamin Crémieux, y explota en Europa el fenómeno Svevo, que vuelve de rebote a Italia gracias a Bobi Bazlen y Montale. Svevo se había convertido, al parecer, en alguien más o menos célebre. Al fin tenía tiempo para escribir; en la empresa ya prácticamente no trabajaba, y empezó a hacer vida de escritor. Aunque había un inconveniente: se sentía envejecer. Pero a esto puso remedio un accidente de coche, el 12 de septiembre de 1928. Al menos le dio tiempo a pedir, como en el *refrain* de Zeno, un «último cigarrillo».

JACK LONDON

A los quince años robaba ostras en la bahía de San Francisco por las noches, arrancándolas de las rocas. Siempre adolescente, trabajó de fogonero y de cazador de focas en el Ártico. Más tarde fue buscador de oro en Klondike, una remota provincia de Alaska. Más fuerte que los indios, había trabajado alegremente en el transporte de maletas llevando cargas de ciento cincuenta libras sobre la espalda. Y, cuando comenzó a escribir, se lamentó muchísimo de esos excesos; la espalda le dolía como si tuviese reumatismo. Al escribir a máquina, los brazos le dolían y las puntas de los dedos se le llenaban de pupas.

A los diez años desempeñaba trabajos banales, como el de repartidor de periódicos. Los lanzaba a los umbrales de las puertas, después de la escuela y los domingos. Estaba siempre ocupado. Podía pasarse los días en la biblioteca pública de Oakland, donde caía en un estado tal de excitación, que salía con los nervios completamente destrozados. Leía mañana, tarde y noche. Les decía a los otros niños que querían jugar que le dejaran en paz. Su padre coleccionaba fracasos; su madre afirmaba ser médium y cobraba por las sesiones de espiritismo que organizaba; pero no eran grandes ganancias. A fin de hacerse con algo de dinero —lo que otros compañeros recibían de sus padres—, que le permitiera comprarse sus colecciones de muñecos, sus golosinas, a las que era muy aficionado, y sufragar otros pequeños asuntos infantiles, comenzó a desempeñar también otros trabajillos: ayudaba a romper el hielo de las aceras, ponía en pie los bolos en la bolera de un hotel, cambiaba y revendía, a comisión, las diversas colecciones de sus compañeros: sellos, minerales, canicas. Pero las lecturas le habían inoculado el veneno de la aventura. En el verano de 1889, aprendió a navegar a vela y recibió el encargo de llevar, en el *dinghy* de su amigo Scotty, a un soldado que había desertado, para visitar a un arponero de diecinueve años a bordo del *Idler,* que volvía de las islas Sandwich, donde se dedicaba al contrabando de opio. A los catorce años, London no se había aventurado todavía en el océano. Escuchaba a aquellos marineros ladrones contar maravillas: cómo habían sufrido por los alisios, o en las tempestades del cabo de Hornos, en los ciclones en el Río de la Plata, en los huracanes del Pacífico del norte o en los tifones del sur. Era como las novelas a las que tanta afición tenía, e incluso mejor.

Sin embargo, a los quince años trabajaba en una fábrica de conservas. Enlataba pescado. La jornada era de diez horas, aunque «en ocasiones trabajaba hasta dieciocho o veinte horas seguidas», se queja en sus *Memorias.* Una vez permaneció delante de la máquina de enlatado treinta y seis horas seguidas. Durante semanas enteras acababa de trabajar a las once de la noche, y no le quedaban fuerzas para leer una sola línea.

Había un único modo de huir de aquel embrutecimiento: salir a navegar. La bahía de San Francisco estaba llena de barcas de «piratas» que iban a robar de noche las ostras de los viveros. Jack acudió a una niñera negra que lo había criado y que tenía ahorros, porque trabajaba para una familia de ricos, y le pidió un préstamo. Le compró a un tipo que conocía, Frank *el francés,* un *sloop,* un barquito, poco más que una barca de remos, llamada *Razzle Dazzle,* y comenzó a robar ostras por la noche, extrayéndolas de los bancos y revendiéndolas a la mañana siguiente en el mercado. Ganó más en una semana como pirata que en un año como esclavo en la fábrica de conservas. Si me arrestan, pensaba, en la cárcel estaré mejor que en la fábrica, y la bofia siempre me tratará mejor que esos explotadores. Aunque aquel trabajo tenía una parte oculta: el bar del puerto, donde Jack frecuentaba a gente poco recomendable o a mujeres complacientes como Mamie, la reina de los ladrones de ostras, que tenía veinte años más que Jack. Frank *el francés* le cogió celos. Todos en el puerto aconsejaron a Jack que trabajara de noche, en un lugar apartado y con las luces apagadas. Frank *el francés,* sin embargo, intentó mandarlo al fondo a pleno día con su chalupa; Jack le esperó tendido sobre el puente del *Razzle Dazzle* y le amenazó con una escopeta cargada con dos cartuchos, mientras manejaba el barquito con los pies; Frank *el francés* tuvo que desviarse, y en ese punto desistió de la venganza. Fue su amigo Scotty, por motivos desconocidos, quien prendió fuego a la vela mayor de Jack.

Cada tanto, la geografía de los pescadores de ostras cambiaba. Las peleas eran el pan de cada día. Nelson, por ejemplo —cuando murió asesinado, en el funeral se dijo que nunca se habían visto unas espaldas tan anchas—, se había batido con

Bill Kelley a bordo del *Annie,* y tenía una mano agujereada por una bala; Clam (Conchiglia) también había tenido sus más y sus menos con él; Whisky Bob había roto con Frank *el francés,* pero el grupo se unió de nuevo cuando apareció por el puerto un italiano que afirmaba que le habían robado un bote nuevo para la pesca del salmón, y comenzó a visitar a todos los ladrones de ostras, sin dejarse ni uno. El robo se había producido, efectivamente. Pero, por puro orgullo, Jack renunció a aprovecharse de ello, y también a restituir el bote a su propietario, aunque este ofreciera una recompensa. Sobre todo, no quería inmiscuirse en los asuntos de los demás.

Un buen sistema, aunque efímero, para ganar algún dinero, era la política. Durante la campaña electoral, los candidatos locales solían hacer la ronda de los cafés para recoger votos, y bastaba sentarse en una mesa para hacer cierto aquello de que «se podía refrescar bien la garganta». En una ocasión, Jack London tuvo que disfrazarse de bombero para un desfile: un político —Jack no recuerda si demócrata o republicano— quería hacer una parada en la Brigada de bomberos de Hancock, y necesitaba portadores de antorchas. Camisa roja, antorcha y casco, los marineros parten en tren; la jornada acaba con una borrachera memorable.

A los dieciséis años, Jack London cambia temporalmente de bandera. De la enseña pirata, pasa a las barras y estrellas: entra en la policía del golfo de San Francisco, la patrulla de pesca californiana, encargada precisamente de evitar la pesca ilegal. Sus vivencias se convertirán en los *Cuentos de la patrulla de pesca*, donde el pequeño pero musculoso Jack consigue hazañas contra los piratas orientales, conocidos como «hocicos amarillos». Pero el sueldo legal y regular le sirve apenas para saldar la deuda con su niñera negra; es hora de volver a partir. En 1893, a los dieciocho años, Jack embarca en la *Sophia Sutherland*, goleta de tres mástiles, para ir a la caza de focas en el norte de Japón.

Para «masacrar», durante cien días, los rebaños de focas de Japón en el estrecho de Bering, la *Sophie Sutherland* sigue una ruta de navegación que se desvía por el sur. Está prevista una parada en el archipiélago de Bonin, formado por islas de bosques vírgenes. Entre los bancos de coral, las piraguas de los indígenas y los sampanes japoneses, está reunida una veintena de barcos del mismo tipo que el *Sophie Sutherland*. Jack, en Yokohama, aprende a beber sake, y, cuando se emborracha, se duerme en el suelo y le roban todo lo que lleva encima: reloj, dólares, cinturón. Sin embargo, cien días de caza de focas, en un clima glacial, le proporcionan una suma considerable, que surte un extraño efecto en los marineros. «Nos volvimos unos avaros». Cada uno hacía proyectos y soñaba despierto, y nadie dilapidaba tan alegremente como de costumbre; «nunca se había visto tanta tacañería a bordo».

Ya en casa, Jack London vuelve a su amada biblioteca; pero su madre le insiste en que ya es hora de que encuentre un verdadero trabajo. Jack lo intenta en una fábrica de yute. Allí se enfrenta a una jornada de diez horas al día, a diez centavos la hora. Le han prometido que le subirán el sueldo a un dólar y veinticinco centavos al día, pero no respetan los acuerdos, y Jack se va. Comprende que ser obrero manual no es rentable. Piensa en aprender un oficio. ¿Electricista? Va a la central eléctrica de una compañía de tranvías de Oakland. Esta vez le recibe el administrador en persona. La oficina es tan elegante que Jack se queda asombrado. Durante la charla, declara estúpidamente que está acostumbrado al trabajo duro. El otro se sonríe y le explica que debe comenzar como engrasador en la sala de máquinas. Pero, al menos, el futuro se abre ante el muchacho. Mientras tanto, Jack se pregunta si el hombre tendría una hija, y cuántas acciones de la compañía poseería.

El trabajo consiste en pasar el carbón a los fogoneros durante trece horas al día; después debe apilar el carbón para el turno de noche, y todo por treinta dólares al mes. A Jack se le hinchan las muñecas y grita de rabia y de cansancio mientras se hunde en las pilas de carbón. Al final, un fogonero del turno de día, que lleva un rato mirándolo atentamente, le revela la verdad. Jack estaba sustituyendo a dos hombres, cada uno de los cuales cobraba cuarenta dólares. Durante un año, Jack se ve obligado a llevar muñequeras de cuero. Aunque aprende que el trabajo manual está «falto de dignidad y no es nada rentable». Se convence de que lo que rinde de verdad es el cerebro. Vuelve a estudiar, y se mantiene trabajando de portero. Estudia diecinueve horas al día; se examina, y, sin esperar el resultado, toma de nuevo las velas a bordo de un mercante.

En 1897, Jack parte para Klondike. Es la época de la primera fiebre del oro. Abandona la universidad (a pesar de que durante esa época se mantenía trabajando en una lavandería) porque el trabajo cerebral lo induce a beber. Es verdad que el esfuerzo intelectual favorece ese vicio. Debe admitir que la biología y la filosofía todavía lo distraen, en cambio la literatura y la historia son materias tan fáciles que se duerme del aburrimiento. Y el aburrimiento es buen amigo del whisky.

No obstante, descubre que lavar y almidonar en aquella modernísima lavandería de vapor lo deja hecho un trapo. Es entonces cuando decide lanzarse a la carrera literaria. Un cuñado le proporciona una máquina de escribir, que él usaba por el día y que le presta por la noche. «La espalda», afirmó

London, «me dolía mucho. Aquella máquina me demostró que mi columna vertebral no era muy fuerte. Me hizo también dudar de mi espalda. Cada vez que me levantaba, sufría de dolores reumáticos». Los brazos los tiene doloridos, y los dedos cubiertos de pupas que explotan para después volver a formarse. Aunque también es verdad que teclea tan fuerte que los vecinos piensan que en su casa se están cayendo los muebles. En Klondike, sin embargo, siente que recupera rápidamente las fuerzas. Se dedica a transportar maletas desde la bahía de Deja al lago Linderman atravesando el Chilkoot, un saliente en el hielo y en la nieve, embarrado y de tránsito complicado, durante veinticuatro millas de pistas impracticables, cargado con ciento cincuenta libras sobre la espalda. Mientras tanto, sigue sin tener noticias de los relatos que ha enviado a varias revistas.

Los directores parecían no tener prisa por publicar sus trabajos (como el relato de su viaje de dos mil millas y noventa días realizado en canoa, en su descenso por el río Yukón). En aquel tiempo su padre murió y Jack tuvo que regresar para hacerse cargo de la familia. Vuelve de Klondike, descargando carbón en un vapor del mar de Bering en la Columbia Británica, y de su particular fiebre del oro se trae solamente el escorbuto.

Obligado a apuntarse al paro, él, que siempre había estado a vueltas con los líos de los aventureros, sencillamente olvidó adherirse a un sindicato. Se presenta a cinco ofertas de empleo, sin éxito; hace algún trabajillo ocasional; empeña el impermeable que su padre le dejó en herencia, y escribe una novela.

Le pagan por ella cuarenta dólares y los editores le piden otra. Recupera el impermeable de su padre, y alquila una máquina de escribir. Pero, en la vida, todo viene junto; es justo entonces cuando lo llaman para un trabajo en Correos. «¿Puedo aplazar mi incorporación?», pregunta. No, es la respuesta. «Entonces renuncio al puesto», dice. Llegó a ser el escritor mejor pagado de su tiempo.

COLETTE

Colette, aparte del de escribir, no desempeñó otros oficios para mantenerse. Pero usó su fama literaria para ganar dinero en otros campos. En 1932, en mitad de la Gran Depresión, casi a los sesenta años, Colette proyectó fabricar y vender productos de belleza con su nombre. La idea, que se le había ocurrido al amante de la escritora, Maurice Goudeket, era «barroca», como dijo el hijastro de Colette, Renaud de Jouvenel. Goudeket era en ese momento fabricante de perlas, pero su negocio estaba en crisis, siempre a causa de la Gran Depresión. Según la misma Colette, había sido André Maginot, antiguo ministro de Defensa, y creador de la línea defensiva Maginot, quien la había animado. Le dijo: «Bajo la puerta del establecimiento escribirás: "¡Me llamo Colette y vendo perfumes!"». Por otra parte, en la época de *Claudine en la escuela*, Willy, el primer marido de la escritora, había lanzado el polvo y las lociones marca Claudine. Maurice Goudeket sostuvo siempre, sin embargo, que había intentado disuadir a Colette de este proyecto, que amenazaba con «oscurecer su gloria» (y hay que decir que, en efecto, cuando en las elecciones a la Academia belga enfrentaron a Claudel con Colette, se dijo que la Academia tenía que elegir entre un embajador y una perfumista).

Pero Colette amaba la publicidad, y cuando la acusaron de traicionar la literatura por el comercio, optó por responder enérgicamente con un artículo en *Vogue*. En 1926 escribió un poema para la peletería Max, titulado «Toi», en setenta versos libres, que publicó en un pequeño volumen ilustrado en gris y negro con desnudos femeninos envueltos en pieles. Le encargaron también un texto para los almacenes Printemps, pero el proyecto no llegó a realizarse. En 1930 prestó su imagen para un anuncio de los cigarrillos Lucky Strike. «Un escritor hará publicidad si se siente capaz, si siente pasión por lo nuevo, si tiene capacidad de comunicar y un vocabulario lo bastante rico», declaró. Con los productos de belleza, intentaba «renovar el contacto con las personas normales», y por eso se proponía hacer demostraciones en los grandes almacenes. En resumen, quería salvar a las mujeres «de la pérdida del placer y del terror a envejecer».

En la época, los productos que ella vendía se podían obtener solamente a través de los maquilladores teatrales. Colette pidió a Marguerite Moreno —la actriz de la Comédie-Française que había sido mujer de Marcel Schwob, un escritor con aspecto tan enfermizo que su cara parecía «la cáscara de un huevo duro»— que «robara algún Max Factor: es para el laboratorio, obviamente», le confesó. A finales de noviembre declaró tener preparado un perfume y dos tónicos diferentes para dos tipos de piel. «Los otros ungüentos, barras de labios, cremas van con retraso. Y me toca comer y cenar con los inversores...»

La SARL Colette se creó el 2 de marzo de 1932, con un capital inicial de 750 000 francos. Entre los inversores estaban el bajá Al-Glawi; la princesa de Polignac, nacida Winnaretta Singer (su familia era la de las máquinas de coser); Simone Berriau, actriz y directora; Léon Bailby, editor; y el banquero Daniel Dreyfus, amigo de Colette. Goudeket era el representante legal. La sede social estaba en el 34 de la rue Drouot, y la tienda en el 6 de la rue Miromesnil. La inauguración se fijó para el día 1 de junio. Las invitaciones fueron redactadas en estos términos: «Le anuncio la inauguración de mi tienda de productos de belleza, el miércoles 1 de junio y durante los siguientes dos días. Estaré muy honrada, señora, de atenderla personalmente en el número 6 de la rue Miromesnil, y de aconsejarle los productos más idóneos para los escenarios y para la vida cotidiana». La referencia al escenario se entendía que debía servir de credencial.

El interior art decó de la tienda era blanco y negro: paredes con espejos, estantes blancos, los productos en envases negros, sillones de metal cromado, mostradores de níquel y cristal. El logo era la firma de Colette, que diseñó personalmente las etiquetas con su perfil. La inauguración fue todo un acontecimiento. Acudieron Liane de Pougy —la *cocotte* convertida en princesa—, Marguerite Moreno, Natalie C. Barney, la escandalosa escritora... Cécile Sorel hizo la entrada que se esperaba de ella: teatral. Intercambió con Colette un abrazo de lo más fotogénico, destinado a pasar a la posteridad. Después, Colette, que llevaba un vestido blanco, le propuso a la Sorel aplicarle un tratamiento de belleza. A la Sorel no pareció que le agradara mucho la oferta, pero se resignó. «Era horrible, cómico, grandioso y trágico, todo al mismo tiempo: una anciana que intentaba resucitar un poco de juventud, un poco de belleza en el rostro de otra anciana. La Sorel se fue, y lo hizo bajo una nueva descarga de magnesio». Natalie C. Barney, a su vez, dijo que la pequeña Colette, la hija de la escritora Colette, estaba irreconocible bajo el rubor «rosa-canalla» y azul-pálido que su madre le había empastado sobre el rostro. Parecía una mujer de la calle de lo más verosímil. Según la Barney, cuando salió a la calle, Cécile Sorel aparentaba el doble de años que cuando entró. Liane de Pougy, que había sido cortesana, escribió en su diario: «Ningún trabajo es inadecuado».

«Encuentro bellísimas a las mujeres cuando emergen bajo mis dedos de escritora», aseguraba Colette; «sé lo que hay que poner en la cara de una mujer tan aterrorizada, tan llena de esperanza, en su declive». En agosto de ese mismo año, la escritora abrió una filial en Saint-Tropez y otra en Nantes. Se pasó el año viajando, ofreciendo demostraciones de sus productos en las ferias comerciales de provincias y en los grandes almacenes. Las clientas, sin embargo, le llevaban sus libros para que los firmara, y a menudo acababa su jornada de esteticista con una conferencia literaria en el ayuntamiento. A las críticas, Colette respondía que nunca había sido una escritora a tiempo completo, sino «mimo, bailarina y un poco acróbata», y que amaba demasiado «ese gran paisaje que es el rostro humano» para no ayudar a sus congéneres. Goudeket se moría de remordimientos, pero aseguraba que cuando el negocio se desarrollara, ella podría volver a la literatura. En septiembre, viajó a Saint-Tropez para recoger a Colette —quien llevaba allí desde el 6 de agosto, maquillando todas las tardes a sus clientas en la tienda del puerto, La tartane— y hacer una gira por las *boutiques* concesionarias de la firma, en Béziers, Carcassonne, Toulouse, Tarbes, Pau,

Biarritz, Bayona, Burdeos, Vichy. Nada más regresar a París, Colette tuvo que volver a hacer las maletas y partir hacia Marsella, donde tenía un estand en la Feria Internacional de Perfumería. Se quedó cinco días. Los «grandes peluqueros de la ciudad», anunció con una sombra de sarcasmo, «¡organizan un almuerzo en mi honor!». En 1933 ofreció demostraciones de maquillaje en Ginebra y Zúrich. A Hélène Picard, poeta y secretaria, le escribió: «El mío no es un trabajo muy sosegado. Pero es infinitamente mejor que estar sentada delante de un folio, aunque se trate de uno de puro color turquesa». En realidad, estaba escribiendo por entonces una de sus obras maestras, *La gata*.

En noviembre, el 21 y el 22, está en Tours y en Caen; el 23, el 24 y 25 vuelve a la carrera a París para hacer demostraciones en los grandes almacenes Printemps, que le han dedicado un escaparate. La misma tarde del 25 sale para Dijon, Metz, Nancy y Estrasburgo; lamenta un «ataque mixto» de bronquitis y colitis intestinal. El 14 y el 15 de diciembre está en Luxemburgo, y durante esos dos días da una conferencia y dedica nueve horas a maquillar a sus lectoras y clientas. La conferencia está abarrotada; sin embargo, Claire Goll escribe un artículo sarcástico en el *Esher Tageblatt*, titulado «Dichtung Auf Flaschen», «Sobre la poesía embotellada», que ironiza acerca de la nueva e inusitada profesión de Colette.

Tras el verano del 33, no se habla ya del instituto de belleza. Colette no había sido capaz de resistir la competencia de las grandes marcas, aunque en un momento dado se abrió la posibilidad de incorporar nuevo capital. Sin embargo, se renunció a prolongar la supervivencia de la firma. «¿Cómo acabó la aventura?», se preguntaba Maurice Goudeket, que por entonces se había puesto a vender lavadoras económicas y un «delicado artilugio» para desastacar sumideros, llamado «hurón». «Aparentemente, ha sido una gran pérdida de tiempo». Pero Maurice no estaba tan seguro de que no hubiera también un lado bueno en todo aquello. Había ayudado a Colette a superar un momento de aversión hacia su trabajo de escritora, y la había puesto en contacto con su público. Le había abierto a nuevas temáticas. Comenzaba ahora una época en la que alumbraría novelas «desnudas». Un personaje como *La dame du photographe*, según él, debía casi todo a «aquella temporada de Colette entre los seres humanos».

Exactamente treinta años antes, en 1902, Willy, marido de Colette, había tenido, quizás por primera vez en la historia, la idea de hacer *merchandising* con un personaje literario. La serie de novelas de *Claudine* había tenía tanto éxito, que se decía que no había casa de citas de lujo que no ofreciese entre el personal una parodia de la colegiala de *Claudine en la escuela*: muchachas con delantal y encajes infantiles. Aquel año, Willy había llevado al teatro, en los Bouffes parisinos, una pieza en dos actos inspirada en *Claudine en París*, escrita al alimón con el director de vanguardia Lugné-Poe y con el novelista Charles Veyre. En su papel de osado productor, Willy creó al mismo tiempo una serie de *gadgets* ligados al personaje de la pícara, picante y escandalosa Claudine, famosa en casi todo el mundo. Puso a la venta los collares Claudine, el helado, los cigarrillos, los caramelos, incluso había sellos con su imagen. Y también lociones, polvos de maquillaje y un perfume con el nombre de Claudine.

El éxito teatral se debió también a la presencia de la actriz Polaire, una argelina de ojos negros, cuya cintura tenía el diámetro del cuello de Willy (en realidad, medía 43 centímetros). Declaraba dieciocho años, pero tenía veintinueve, como Colette, y el mismo triángulo felino por mirada. También tenía el pelo cortísimo, y, de hecho, Willy intentó que Colette se cortara el suyo del mismo modo (la madre enfermó del disgusto cuando se enteró), y le gustaba pasearse flanqueado por las dos mujeres, «como si fueran una pareja de perros amaestrados», dejando imaginar el mismo *ménage à trois* que se narraba en la última novela de la serie. A fuerza de presentarse así en escena, Colette comenzó a actuar ella misma. Se había separado de su marido, y no interpretaba ya a la mujer-niña de un hombre corpulento, sino a un mimo, de gestualidad refinada y lasciva. Se hacía acompañar de Missy, la marquesa de Morny, hija del ministro y hermanastro de Napoleón III, que se vestía de hombre, con un bigote que confeccionó con los pelos de su adorado perrito. En 1906, en *Le crin,* de Sacha Guitry, interpretó su primer papel hablado (cuarenta francos por tarde, escribió a su madre); pero tuvo más éxito en una pantomima, *La chair,* en la cual mostraba su pecho izquierdo desnudo. No obstante, fue en 1907, en el escenario del Moulin Rouge, y dándose un beso apasionado con Missy, cuando consiguió definitivamente que saltase el escándalo. El prefecto vetó a la marquesa su presencia en futuras exhibiciones, pero Colette estaba contenta con la publicidad que había obtenido, porque quería fundar, con financiación de la propia Missy, una productora cinematográfica. El proyecto fue abandonado, y Colette se empeñó en representar personalmente a Claudine en el teatro. Aunque temía no llegar a igualar los ardores infantiles y populares de Polaire, el público decidió dejarse seducir por la mítica escritora, y fue un triunfo continuo.

Colette, sin embargo, se desilusionó con la vida de los teatreros: «Pensaba que una gira era el peregrinaje de una pequeña *troupe* compacta, fraterna, de gente que come junta, viaja junta... Pero nada más bajar del tren, cada cual se marcha por su lado».

Su gira, acompañada de dos amantes de distinto sexo, fue interrumpida por un trabajo más complejo. El barón Henri de Jouvenel des Ursins, donjuán aristocrático y director del *Matin,* se batió por ella, y llegó a ella herido para pedirle matrimonio. En el *Matin,* Colette llevaba la crítica teatral, pero se ocupaba también ampliamente del cine, apuntando algunas cosas muy interesantes: «El cine no tiene ningún punto de contacto con la literatura». Además, en 1919 es nombrada jefa de redacción de la sección literaria, y entonces le da a un jovencísimo Simenon unos cuantos buenos consejos («Caro Sim, ¡demasiada literatura! Quítela»). En 1922 probaba tratamientos para rejuvenecer, aunque (o quizás porque) se había convertido en amante de Bertrand de Jouvenel, el hijo de su marido. Y en 1927 sostenía que el amor se estaba alejando de su vida. Y eso motivó que en 1932 abriera su propio instituto de belleza. He aquí una de sus recomendaciones a las mujeres: «Usad el kohl, incluso de noche».

Franz Kafka

Kafka fue agente de seguros toda su vida. Compartía la oficina con un colega, Treml, y se sobresaltaba cada vez que este le decía «¡Adelante!» en tono imperativo cuando quería entrar en su propio despacho. «¿Pero se puede hablar delante de él?», le preguntó una vez un amigo, el joven Janouch; «¿no será de los que a continuación van a informar al jefe?». «No creo que sea de esos», respondió Kafka. «¿Tiene miedo de él?», preguntó entonces Janouch. Kafka rio avergonzado: «Los verdugos tienen siempre una doble fama». «¿Verdugos? Pero ¿qué pueden hacerle a un empleado como usted?», objetó el amigo. «Los funcionarios pueden transformar a los hombres vivos en cuerpos muertos, reducirles a números de registro, muertos e incapaces de variar», explicó Kafka. «Le mira a usted como si fuera un bicho raro metido en una jaula», comentó Janouch. Kafka tenía la voz ronca por la rabia reprimida: «Se equivoca. No es Treml quien está en la jaula, sino yo». «Bah, es natural. La oficina…», comenzó el otro. Kafka se llevó la mano derecha, convertida en un puño, al corazón.

Kafka usaba mucho los gestos. Si podía sustituir una frase por un movimiento de los músculos faciales, por ejemplo, lo hacía a menudo. Los gestos en él no acompañaban a las palabras, no las subrayaban: las sustituían. Tras este discurso mímico autónomo, dijo: «Yo siempre llevo las rejas dentro de mí». Otra vez, hablaban del poeta Paul Adler. «¿En qué trabaja?», preguntó Janouch. «En nada», dijo Kafka. «No tiene un trabajo, solo tiene su propia vocación. Va pidiendo favores a un amigo y a otro, con su mujer y sus hijos. Si me comparo con él, siento siempre remordimientos por el hecho de dejar naufragar mi vida en una existencia de burócrata».

El padre de Kafka, cuando se casó, abrió una mercería, una «tienda de hilo, algodón y novedades», en pleno centro de la Ciudad Vieja de Praga. Vendía también mangas y zapatos de tela con suelas de cuero. Tuvo algunas contrariedades: hubo una denuncia anónima porque el banco que había colocado en el exterior de la tienda podía estropear las ropas de los paseantes cristianos el domingo, cuando iban a misa; por otro lado, algunos vecinos ciegos lo acusaban de pasar moneda falsa. Estas denuncias impedían dormir al padre de Kafka, que lloraba mientras caminaba de acá para allá toda la noche. «Sobre todo recuerdo los innumerables pares de zapatillas que veía sobre los estantes», contará su amigo Max Brod, «cuando Franz intentaba en vano ayudar al padre, abrumado por el peso del trabajo, o al menos mostrarle su buena voluntad; conseguir una mirada afectuosa o una palabra de aprobación». «Pero, entonces, es rico», se quejó un amigo a quien había mostrado la tienda. Kafka dijo que la riqueza es siempre relativa. Sin embargo, «crea dependencia, ¿no?». Después añadió: «Es la materialización de una inseguridad», para concluir: «Todo esto afecta a mis padres, pero no a mí». En una carta a Felice Bauer, Franz dirá que había sido criado por las gobernantas, porque sus padres estaban siempre en la tienda. Al empezar el colegio, se le planteó a Kafka la disyuntiva de elegir entre una escuela de administración o una Realschule, más modesta, pero en la que le ofrecerían una formación profesional. Por un deseo de ascenso social, Hermann, el padre de Kafka, eligió para su hijo el liceo clásico, los estudios humanísticos. Y así Kafka empezó a ir a la escuela más severa de Praga, el Alstädter Deutsches Gymnasium. Franz, ya en la universidad, se matriculó en Química. Aguantó quince días, y, siempre reservadísimo y cerrado con su traje azul, se pasó a Derecho.

Kafka tenía un tío bastante simpático, llamado Alfred Löwy, que trabajaba como directivo en la compañía española de ferrocarriles; Franz le pidió que le encontrara un trabajo, pero solo consiguió evasivas. En 1907, con veinticuatro años, Kafka ha de entrar en la vida activa. Su padre tiene buenas relaciones con el vicecónsul americano Weissberger. Weissberger es el padre del representante en Madrid de los Seguros Generali, compañía cuya sede social está en Trieste, el gran puerto austrohúngaro. Probablemente interviene también, siempre desde Madrid, el tío simpático. Y, con una carta de recomendación del cónsul, el uno o el dos de octubre de 1907 Kafka solicita su admisión en la Agencia General de los Seguros Generali, especificando que habla alemán, checo, francés e inglés, y que sabe taquigrafiar en alemán. Es admitido inmediatamente.

Los seguros Generali están emplazados en la gran Plaza de san Wenceslao. El sueldo es modesto, ochenta coronas, pero el área a la que Kafka es asignado, los seguros de vida, prevé misiones en el exterior. Ya en la primera semana, el 8 de octubre, Kafka escribe a Hedwig Weiler: «Trabajo en los seguros Generali, con la esperanza de sentarme en un sillón en países lejanísimos; de contemplar desde la ventana de la oficina los campos de caña de azúcar o los cementerios musulmanes; los seguros en sí me interesan mucho, pero por ahora el trabajo es bastante triste». Después de un mes, teme que las misiones tarden todavía un año en llegar: «Lo ideal sería que la empresa me enviase fuera, no es del todo imposible». «Aprendo italiano, puede ser que mi primer destino sea Trieste. Estos primeros días debo de haber mostrado un aire demasiado conmovedor, sobre todo para quien es sensible a ciertas cosas. Tengo la impresión de haber sido rebajado».

Kafka trabaja desde las ocho de la mañana hasta las seis de la tarde, diez horas al día; al final de la jornada no tiene fuerzas, y le es imposible escribir. A finales de año está decidido a abandonar la compañía de seguros por un empleo estatal. Escribe a Max Brod (que trabaja en Correos) que su padre conoce a dos personas que podrían ayudarlo. Pero al mismo tiempo le preocupa que la empresa de seguros descubra que está descontento. En junio, tras diez meses sometido a aquel régimen de trabajo, Kafka le anuncia a Max Brod que ha dedicado el domingo a preparar la solicitud para un nuevo empleo, «pero todo me parece terriblemente inútil...». El 10 de junio cursa, en efecto, una solicitud de empleo al Instituto de Seguros de Accidentes Laborales del Reino de Bohemia: «El abajo firmante solicita a la dirección de la compañía... ser admitido como auxiliar». Detalla que del 3 de febrero al 30 de marzo asiste a un curso de seguros de trabajo en la Alta Escuela de Comercio. También esta vez tiene una recomendación. El padre de un compañero de colegio, Ewald Felix Přibram, está en el consejo de administración de varias compañías, y es presidente del Instituto de Seguros de Accidentes Laborales. Por eso la solicitud es atendida, y en julio Kafka inicia un periodo de pruebas como auxiliar en el sector de los accidentes laborales. Es algo destacable, dado que en la institución —aparte del presidente— no hay prácticamente empleados judíos, y Kafka es el único de esa condición entre doscientos cincuenta trabajadores. A las dos se termina el trabajo, y solo entonces Kafka puede disfrutar de su vida. Continúa soñando, y escribe a Max Brod en agosto de 1907: «Desearía un empleo en España, o mejor en Sudamérica, en las Azores, o en Madeira». Pero una vez que estaba con su amigo Friedrich Thieberger asomado a una ventana sobre la plaza de la Ciudad Vieja, le enseñó su instituto; un poco más allá estaba la universidad y, a la izquierda, la oficina: «Toda mi vida se inscribe en este pequeño círculo», dijo mientras trazaba círculos en el aire con los dedos.

Entre 1885 y 1887 habían sido votadas en Praga, según el modelo prusiano, una serie de leyes para la protección social, que no tenían parangón en Europa. El instituto en el cual Kafka trabajará toda la vida había nacido como consecuencia de esas leyes, puesto que todas las empresas del país, unas treinta y cinco mil, tenían que suscribir obligatoriamente un seguro de accidentes laborales. Los seguros estaban financiados en parte por un patronato y en parte por las retenciones salariales. La compañía gozaba de un estatus que era mitad público, mitad privado, y los empleados gozaban del estatus de funcionarios. Al principio, la eficacia del instituto era limitada; había solo siete inspectores para toda Bohemia, los empresarios declaraban el número mínimo de trabajadores en sus pólizas, y los fraudes abundaban. En 1893 la compañía empezó a declarar pérdidas, y el déficit fue agravándose gradualmente. La entrada de Kafka coincide con una cierta mejora en las condiciones de la compañía; habían nombrado a un administrador, Morschner, que saneó las cuentas. Kafka se ganó rápidamente el aprecio de sus superiores. Las notas de servicio atestiguan que combinaba «un extraordinario celo con un interés sostenido en todas sus misiones»; «el doctor Kafka es un empleado que trabaja mucho, dotado de un talento y de una dedicación excepcionales». «Era considerado una especie de santo», declara, en términos menos burocráticos, el hijo de un colega. Y en cierto sentido lo era, explica. Una vez un viejo guardagujas, que había perdido una pierna bajo un carro elevador, estaba a punto de recibir una pensión insignificante de la aseguradora. Había interpuesto una denuncia, pero formulada de manera equivocada, incorrecta. El viejo habría perdido sin más el proceso, si en el último momento no hubiese recibido la visita de un famoso abogado de Praga que, sin cobrarle, había redactado la denuncia según las normas, permitiéndole vencer en los tribunales. El abogado había sido avisado, aconsejado y pagado por Kafka, de manera que él, como representante del Instituto de Seguros contra los accidentes laborales, pudiese perder de manera honorable el proceso contra el viejo guardagujas. «Y no fue un caso único. Entre los funcionarios se comienza a hablar de ese hombre», contó a su hijo el colega de Kafka, que estaba bien informado, porque había sido «cómplice» de Kafka en estas nobles operaciones judiciales.

Franz salía de la oficina a las dos. Dormía un poco por la tarde, y escribía gran parte de la noche. Era extenuante. Habría podido ser redactor del periódico *Der Jude*, pero consideraba el periodismo un compromiso, respecto a su idea de la escritura. Era siempre reticente también respecto a sus trabajos. Janouch se encontraba en su oficina cuando le llegó la copia del relato «En la colonia penitenciaria». Se avergonzó y abrió el cajón con la intención de meterlo dentro. Después miró a su amigo, volvió a cerrarlo, y le entregó el pequeño volumen. Janouch lo hojeó y le dijo: «Supongo que estarás contento». «No estoy contento en absoluto», declaró Kafka, devolviendo el librito sin mirarlo al cajón: «Publicar uno de estos garabatos, eso es lo que me preocupa». Cada vez que leía ese cuento en público, con su voz suave, y llegaba a la parte de la descripción de la máquina de tortura con la que se ajusticia a los prisioneros, muchos oyentes se desmayaban. Kafka, sin embargo, rasgó con cuidado los bocetos repletos de figuras extrañas que su amigo le había sorprendido dibujando sobre un folio en octavo de papel de oficina. Dejó el largo lápiz amarillo sobre la mesa, e hizo una bola con el folio. «Son jeroglíficos personales, ilegibles», se excusó: «Figuras sin proporciones espaciales; la perspectiva está en la punta del lápiz, no afilada: ¡está en mí!». Sacó de la papelera la bola de papel y la rompió en pequeñísimos trocitos. Hay que decir que Kafka había soñado con renunciar a la escritura por el dibujo; pero la decisión no sobrevivió a unas pocas clases de pintura.

Es Janouch quien habló de Kafka en el trabajo. Janouch padre, gracias a la factura de la luz, descubrió que su hijo escribía poesía por las noches, y copió los poemas y los sometió al juicio de su colega Kafka. Kafka quiso ver al joven; Janouch padre lo llevó a la oficina, y Kafka le dijo que en sus poemas había demasiado ruido. Janouch, desde entonces, fue a menudo a buscarlo a la oficina. Sucedió hacia finales de 1920, un año en el que Kafka faltó a menudo a su puesto a causa de la enfermedad que acabaría matándolo cuatro años después. La oficina de Kafka estaba en el segundo piso. Era una habitación de tamaño medio, con techo alto, «y aun así opresiva». «El ambiente tenía algo de la digna elegancia de los despachos de abogados importantes». Encima del radiador había siempre un cuenco de latón lleno de agua. Una puerta doble, lacada de negro, la separaba del pasillo, largo y vacío, donde se alineaban los archivos y donde siempre olía a humo y a polvo. «Aquí trabaja el creador de Samsa, el insecto misterioso», pensó Janouch cuando vio por primera vez a aquel hombre alto y flaco, con unos extraordinarios ojos gris-azulados y una frente vistosamente baja. Kafka había discutido por un problema de carpintería con el padre de Janouch. Janouch padre había diseñado un nuevo mueble para archivar, que había encantado a Franz Kafka. Durante un tiempo, por la tarde, iba a clases con el carpintero Kornhäuser. «Además de carpintero», decía Kafka, «he intentado ser agricultor y jardinero, tareas más hermosas y más interesantes que el trabajo en la oficina de Seguros. Aparentemente nos tienen en mayor consideración, pero es solo una apariencia. En realidad, estamos solos, y además somos infelices. El trabajo manual, sin embargo, nos acerca a las personas».

Si Janouch entraba en el despacho de Kafka en la última media hora de cada jornada, lo encontraba sentado a su mesa con la cabeza doblada hacia el pecho, las piernas tensas y las manos extendidas sobre la mesa, una sonrisa lejana de alegría en los labios finos. Acababa así una jornada de trabajo. Una vez, sin embargo, despachó al muchacho: «Va donde su padre, ¿no? Yo me quedaré trabajando todavía un poco más. El trabajo libera de la nostalgia del sueño, que a menudo atrae al hombre y lo deslumbra a muerte».

En un par de ocasiones, el joven Janouch encontró a Kafka reunido con empleados que habían ido a pedirle consejo. Una vez era media tarde; Kafka, con la mano levantada, se apoyaba en la jamba de la ventana. Un pequeño empleado le preguntaba sobre la reorganización de la oficina: «Será todo un poco confuso. ¡Pero no tema! Su posición no empeorará, aunque tampoco mejorará. Al final será todo como al principio», le aseguró Kafka. «¿Entonces mis meritos no serán reconocidos tampoco esta vez?», se enfadó el empleado. «Es probable», dijo Kafka, «¡seguro que la presidencia no querrá disminuir el peso de su propio poder! Sería insensato». «¡Parecería que quieren desmontar todo el tinglado!», protestó el empleado, todo rojo. Kafka lo miró preocupado y le dijo despacio: «¡No querrá eliminar la fuente de sus ingresos! ¿O sí?».

Blaise Cendrars

Cendrars, el «Matisse de la escritura», había coleccionado ya un número extravagante de trabajos cuando aún conservaba los dos brazos, y en varios continentes además. Siempre muriéndose de hambre, fue representante de bisutería en Rusia, fogonero en Pekín, apicultor en Francia, cazador de ballenas en Noruega, saltimbanqui en Londres, figurante de *Carmen* en Bruselas y pianista de cine y descargador en los mataderos de Nueva York. Después llegó la guerra, y, ya manco, encontró nuevos trabajos, más prestigiosos. Era suizo, y en la escuela fue de los más revoltosos de la clase; una vez rompió una ventana, huyó de casa y acabó en San Petersburgo.

En realidad, ya había huido de un primer internado en Alemania, y la Escuela de Comercio, donde sus padres lo habían matriculado en Neuchâtel, le aburría. Como el instituto estaba a orillas del lago, iba a pasear donde un viejecito, Zigli, que alquilaba barcas; y Zigli acabó por alquilarle su bergantín *Alcyon* para que diera a los turistas paseos por el lago. No eran ganancias exorbitantes, pero Freddy Sauser —su verdadero nombre— al menos tenía para sus gastos: comprar cigarrillos, poder invitar a tres muchachitas inglesas de un internado a un salón de té, adquirir a plazos una brillante moto americana para llevar a dos amiguitas, además de flores para la madre de las muchachas, a la que conquistó invitándola a una excursión a vela a medianoche. Freddy, ya convertido en Cendrars, narraría los años transcurridos entre 1904 y 1905 en *Vol à voile,* de 1932.

El primer intento serio de encontrar trabajo fue en realidad un fracaso. El día en que sus padres descubrieron las deudas de su hijo, y sus resultados desastrosos en la escuela, explotaron desesperadamente en sollozos, y pusieron a Freddy a pan y agua en su habitación. Hacia las cuatro de la tarde, Freddy arrojó la maleta y el abrigo por la ventana, avanzó por la cornisa, entró de nuevo en la casa por la habitación de su hermana, cogió de un cajón el dinero y los cigarrillos de su padre, algún que otro utensilio de plata y, saltando de balcón en balcón, llegó a la calle, y de allí a la estación. Viajó solo hasta Mónaco, donde se presenta, negro de hollín, con abrigo (en agosto) y completamente arrugado, a pedir trabajo en una tienda de pianos, que ha elegido porque él estudia el piano con pasión. El propietario del negocio es tan educado que el muchacho se derrumba, llora, y decide volver a casa, donde sus padres han tenido tiempo para meditar sobre el carácter del chico, y le hacen una propuesta fascinante. Han sabido que un comerciante suizo, el señor Leuba, ha abierto una joyería en San Petersburgo, y busca un empleado para la correspondencia en francés y en alemán.

En Pforzheim, en el bar de la estación, Freddy se reúne con un colaborador del joyero. Se llama Rogovine, tiene cuarenta años y es un judío de Varsovia. Debe llevar a Leuba, a su oficina de San Petersburgo, algunas piedras preciosas talladas en Ámsterdam, piezas de relojería recogidas en Suiza, y, de paso, también al empleado de diecisiete años. Rogovine ha viajado mucho, y mientras van, en primera clase, hacia Moscú, le habla de China, de Manchuria; Freddy sueña despierto. Viajan durante dos días y una noche; a finales de septiembre de 1904 Frédéric llega a Moscú. «Moscú es hermosa como una santa napolitana»: miles y miles de cúpulas se «yerguen» como «estalactitas policromas en un burbujeo de luces». Algunas «viejecitas venden patatas de Crimea, gritando: "lisas, lisas". Un polvo de queso chisporrotea en el aire como *paillettes* rojas en el brandy... Dos días después, nieva. Todo se paraliza. Todo se amortigua». Pero ya se sentían «los primeros movimientos de la Revolución».

Durante tres meses, Freddy sigue a Rogovine para aprender. Lo ve, en los bancos y en las oficinas, estrechar manos, telefonear en todas las lenguas, rellenarse los bolsillos de prospectos, tarifas, precios. «Un día, llegó finalmente mi turno / Era diciembre / Y también yo partí para acompañar al comerciante de joyas que se fue a Kharbine.» Así, con sus versos larguísimos y rimados que tienen la respiración de un tren en marcha, Cendrars narra su viaje en el Transiberiano. Kourgane, Omsk, Taigá, Krasnoiársk. Las mujeres, que en Moscú pueden costar cien monedas, en el Transiberiano cuestan cien rublos. «Estábamos en el primer tren que recorría el lago Baikal». Cuando el tren se detiene durante diez, quince horas, en todas las estaciones hay un samovar disponible con té. En Chita «espera de cinco días porque la vía férrea estaba obstruida. / Los pasamos con el señor Yankelevitz que quería darme su única hija como esposa». Freddy, en efecto, tocaba el piano; la muchacha, *lieder* sentimentales. Y por la noche se reunían en la cama.

El 1 de enero de 1905, Frédéric Sauser se presenta al jefe. La joyería, situada en la esquina entre la rue des Poix y la rue des Jardins *(ougol Gorochowaïa i Sadowaïa)*, es la más rica de San Petersburgo; sirve a la corte imperial, a los príncipes, los magnates y los nuevos ricos (antiguos siervos de la gleba, quizás; hay uno que hace servir champán en el desayuno hasta que la habitación entera está llena a rebosar de corchos).

Freddy aprende concienzudamente su nuevo oficio, separa, clasifica, pesa las piedras preciosas; las recoge en paquetitos de farmacéutico. Mientras tanto, Rusia está ya en plena efervescencia. De 1900 a 1904, la policía ha informado de seiscientas setenta revueltas de campesinos. En Baku hay huelga, en la Perspectiva Nevski los estudiantes se han unido a los obreros. El 16 de enero, doce mil «putilovskis» —trabajadores de la empresa Putilov— se declaran en huelga. El 21 de enero cruzan los brazos doscientos veinte mil trabajadores. El 22, el tercer domingo de Cendrars en San Petersburgo, es el Domingo Rojo. El pope Gapone, rodeado de iconos, abre el cortejo de cien mil manifestantes, que marchan hacia el Palacio de Invierno. La carga de los cosacos hace que la nieve se enrojezca por la sangre de trescientos manifestantes. Freddy frecuenta los ambientes decembristas. La amiga que lo iniciaba en los secretos de la anarquía es ahorcada; él, entre tanto, enseña a los rusos un deporte que ignoraban, el fútbol. Y continúa trabajando en la joyería para aristócratas. Todas las mañanas va a retirar las piedras al Crédit Lyonnais (en caso de que estallara la revolución, jamás tocarían un banco francés, pensaba Leuba) y concibe el poema que cambiará la lírica francesa, la *Prosa del Transiberiano*. Con Rogovine, Freddy sale de viaje hacia Mongolia, o hacia Tiflis, para comerciar con marfil y colmillos de elefante. Entre los miles de ajusticiados según el método de «la corbata de Stolypin» —es el ministro del Interior quien le da el nombre a la horca—, la muerte de Lenotchka coge a Freddy fuera de la ciudad, en Tashkent. El dueño de la joyería, Leuba, en realidad no quiere tenerlo de vuelta, por revolucionario, y no le renueva el contrato.

En Suiza, sus hermanos no lo reconocen. Trabajar en la Agencia Suiza de Telégrafos no es tentador. En 1910, Frédéric estaba en Bruselas. «¡Actúo desde hace una semana!», escribe a un amigo; «gano de sesenta a cien francos al mes». Hace de secundario en *Carmen*, que se representa en el Teatro de la Moneda. Pero es solo un comienzo: buscan talentos para un *music-hall*. Frédéric sabe hacer algunos números de habilidad con raquetas de tenis; y, en efecto, lo contratan como malabarista. Se embarca en una gira de diez días por Inglaterra. Hay un campeón mundial de diábolo que hace trucos. Se llama Lucien Kra, y se convertirá en editor de poesía de vanguardia en París. Frédéric comparte un cuarto miserable con un estudiante de medicina del East End, el barrio judío, que se pasa el día leyendo a Schopenhauer y que por las noches se deja pegar patadas en el culo subido a un escenario: su nombre es Charlie Chaplin.

De regreso a Bruselas, ha comenzado la Exposición Universal y eso le abre las puertas a otros trabajillos: por ejemplo, con fez, pantalones a la turca y babuchas, todo ennegrecido con hollín, hace de árabe que vende loukoumas y alfombras. En París, sin embargo, está a punto de morirse verdaderamente de hambre. Con su novia Féla juntan un buen número de lenguas: inglés, alemán, ruso, polaco, italiano, yiddish, americano. Pero traducir cartas a un franco cada una no basta, tampoco traducir del alemán un largo poema alegórico de Richard Dehmel, que ha inspirado un *lied* a Schönberg. Freddy pasa el tiempo en la Biblioteca Nacional. Tiene veinticuatro años; ¿y si lo intenta en Nueva York?

Carga con una pesada cesta de libros y manuscritos, sintiéndose observado desde cien millones de ventanas. «Cada tanto aceptaba un *job*, y nunca me quedaba más de ocho días», escribirá: «Si conseguía que me despidieran antes y que me dejaran pagada la semana, iba a la Central Library». Durante un tiempo trabaja como carnicero del rito judío, trabajo en cadena: un rabino con un golpe limpio de cuchillo corta el cuello a los pollos que desfilan por delante de él; Freddy desempeña la «parte intelectual» de la empresa: cierra las cajas y pega las etiquetas. Un día Féla parte hacia Nueva Jersey como asistente en un instituto de niños discapacitados. Freddy está solo en Nueva York; nada que hacer y nada que comer. Es Pascua. Camina por la ciudad irreal, las calles vacías. *«Je descends à grand pas vers le bas de la ville»*... Por la noche, escribe, con una desesperación que tiene el ritmo de sus propios pasos, *Pâques à New York*. Pero después descubre el cine y una cura, «la hidroterapia». Vuelve la alegría. Quiere renacer de sus cenizas, se llamará Cendrars, y Blaise, como Blaise Pascal. *«Je me suis fait un nom nouveau / Visible comme une affiche bleue.»* El 6 de junio de 1912 se embarca en el *Volturno*, en el puerto de Nueva York, para regresar a Europa.

Cuando Francia entra en guerra, Cendrars había vuelto a París. Sabía ya que era poeta, y en París, la capital de todos los movimientos artísticos, tenía muchos amigos que lo entendían. Una patria de elección es una patria al cubo. Durante la movilización, el suizo, con el italiano Ricciotto Canudo, realizó una vibrante llamada a las armas: «Extranjeros amigos de Francia, que viviendo en ella han aprendido a amarla y a quererla como una segunda patria, sienten el deseo imperioso de ofrecerle sus brazos (¡!). Intelectuales, estudiantes, obreros, todos los hombres válidos nacidos en otros lugares, domiciliados aquí, nosotros que hemos encontrado en Francia el nutriente, nos reunimos al servicio de la Francia más grande». Ricciotto Canudo era su amigo del alma. Poeta, traductor de D'Annunzio, todos los viernes iba con él al Bal Bullier a bailar tango con calcetines desparejados de colores. Estaba, además, el pintor Robert Delaunay, con un esmoquin mitad verde y mitad rojo, y su mujer, Sonia, en «vestido simultáneo», que había estado pintando con colores una inmensa tela de trescientos metros como la Torre Eiffel, sobre la que el poeta había escrito, en caracteres y tintas distintas, los 445 versos de la *Prosa*. Apollinaire, el padre del Esprit Nouveau, había dicho a Cendrars que su *Pascua en Nueva York* era el más hermoso poema del siglo. Y todos ayudaban a Chagall, que era tímido, a vender sus cuadros (Cendrars le traducía al ruso los términos de los contratos que firmaba). Participar en la guerra era un poco como ganarse y merecerse Francia; la llamada a la movilización fue publicada en *Le Figaro;* miles respondieron.

Fue Sonia Delaunay quien soñó —y se lo escribió antes de que la noticia se propagase— con el brazo de Cendrars. Cendrars se incorporó al tercer regimiento de la Legión Extranjera, y después a la célebre división de Marruecos, trasladada a Champagne. En tres meses de horror, el corazón se le había «convertido en cenizas». Pero durante un permiso, fue al cine a ver a Charlot, de quien sus compañeros hablaban tanto. Y no pudo creer lo que veían sus ojos: Charlot era el mismo pequeño clown de Londres al que machacaban a patadas en el culo en un *music-hall* cada noche. El 28 de septiembre de 1915, a las siete de la tarde, el regimiento de Cendrars lanza un ataque bajo la lluvia. Es una masacre. El cabo Cendrars es golpeado por una ráfaga de ametralladora que le destroza el brazo derecho.

Reenviado de nuevo a París, con la ciudadanía francesa, Cendrars se emborrachaba con Modigliani; solo tras muchos meses vuelve a escribir, con la mano izquierda, acerca de su mano derecha. En París, la gente, al encontrarlo, se asusta. Es un esqueleto, tiene los ojos enloquecidos y un color atravesado: todo eso le sirve a Abel Gance para su película. El gran director está preparando una cinta sobre la guerra, *J'accuse*, y lo quiere de secundario para la escena de los «muertos que vuelven». Cendrars actuará para él, y también trabajará con los accesorios, de asistente, de ayudante de realización, de cámara, de electricista y de chófer. Uno de mis faros, dirá después Abel Gance sobre él. De hecho, Cendrars preparaba, y discutía con él, el *ABC du cinéma*: el arte del futuro. Pero pensaba que todavía quería estudiar el lenguaje y la gramática. Por eso escribió sobre montaje y primeros planos. Como neófito, reflexionaba acerca del millón de corazones que dejan de latir en el mismo momento en cada una de las capitales del mundo, y veía a las multitudes salir de las salas y desplegarse por las calles como una sangre negra. Fue así como Blaise Cendrars, por haber sido voluntario en 1914, repensó las formas del cine. También intentó dirigir películas en Roma, pero los estudios Rinascimento cerraron de golpe y los rollos de *La Vénus noire* fueron destruidos.

Volvió a viajar por todo el mundo, ligero como cuando le prestaba al joven poeta sin dinero T'Serstevens los libros de los cuales había desgarrado las páginas para ponérselas encima. En los años veinte, el rey del café y mecenas Paulo Prado lo invitó a Brasil, a sus haciendas. En la oficina de inmigración querían mandarlo de vuelta; ¿qué hacía en Brasil un discapacitado como él? Intervinieron Paulo Prado y el Subsecretario de Estado de Agricultura, que le ofreció al poeta una vasta extensión de tierra; él prefirió embarcarse en una empresa (que nunca llegó a buen puerto, afortunadamente) de importación y exportación. Fue entonces cuando se volvió famoso, porque al regresar a Europa escribió en unas semanas *El oro*, una epopeya californiana de la conquista del oro contada con la más severa economía de medios literarios.

Cuando estalló la Segunda Guerra Mundial, era tan célebre por las historias exuberantes que contaba de todos los países que había recorrido, que le encargaron hacer de corresponsal para el cuartel general de Arras, y para muchos periódicos, bajo la British Expeditionary Force. A los cincuenta y dos años, vio, convulsionado por una carcajada, las siglas que habían grabado sobre la gorra con visera que le correspondía: W. C., *War Correspondent*. Se hizo retratar relajado, en uniforme y con el eterno cigarrillo entre los labios, junto a las cajas repletas de oro que el Banco de Francia había expedido en un vagón a Burdeos para no dejarlas caer en las manos de los invasores nazis.

Thomas Eliot

Para Thomas Eliot, el trabajo en la banca fue una experiencia feliz. El sumo poeta americano había nacido en San Luis, de familia antigua y rica; su padre dirigía una fábrica de ladrillos, pero Tom a los diez años escribía poemas, y, tras los estudios en Harvard, en La Sorbona y en Oxford, fue estudiante una decena de años. Alto, oscuro, con los ojos amarillos y la cara empolvada, *dandy* y perfectamente britanizado —a partir de 1914, a los veinticinco años, elegiría Europa— en Oxford Eliot se enamoró, o al menos decidió casarse, así que tuvo que ponerse a trabajar.

Al principio encontró trabajo en las *grammar schools* de Londres. En la High Wycombe, enseñaba francés, matemáticas, historia, geografía, dibujo y natación, recibía un sueldo de 140 libras al año, más una comida al día. En diciembre de 1915 encontró un puesto mejor remunerado en la Highgate Junior School, donde pudo poner en práctica las enseñanzas de Harvard, su universidad en América, porque las materias de su competencia eran el francés, el latín, el cálculo oral rápido, el dibujo, la geografía y, además, el béisbol. Cobraba 160 libras, y le servían el té y la cena. Uno de sus estudiantes, John Betjeman, que tenía entonces diez años, recuerda que lo llamaban «el maestro americano», y como se rumoreaba que era poeta, le enseñó una antología personal, *The Best Poems of Betjeman*; Eliot, que había escrito poemas a la misma edad, se lo reencontró en los años treinta y afirmó que se acordaba de él. Dio clases durante un año entero, pero descubrió que la escuela lo absorbía por completo, y que después no estaba en condiciones de escribir, ni siquiera en vacaciones.

Mientras tanto, en Harvard, su tesis de grado había sido discutida y aprobada en su ausencia; y Eliot inició una carrera paralela de profesor universitario, en Inglaterra y en los Estados Unidos, con seminarios, cursos y conferencias. Comenzó con un ciclo de seis lecciones en Ilkley, Yorkshire, sobre la literatura francesa moderna; y entre 1916 y 1918 impartió cursos sobre literatura inglesa contemporánea, victoriana e isabelina. A Bertrand Russell, que había sido su profesor en Harvard, le parecía un buen asistente y le animó a abandonar la poesía y a dedicarse a la carrera académica. Pero Eliot prefirió el trabajo en la banca a la docencia por varios motivos. Con su gran sofisticación, de hecho, el 17 de marzo de 1917, gracias a un amigo de los suegros Highwood, Eliot entró en el Lloyds Bank, filial del National Provincial Bank. Eliot se divertía muchísimo manejando cifras; le gustaba sentirse disciplinado por la regularidad de los horarios y de las obligaciones. Sobre todo, estaba contento de trabajar en el Departamento Colonial y de Países Extranjeros, que era, en su banco, el que tenía mayores relaciones con el exterior; le gustaba porque tenía que manejarse continuamente con términos españoles, portugueses, daneses, suecos, noruegos, que le servían por su sonido para los poemas que componía. Uno de sus colegas lo recuerda con chaqueta oscura y gafas redondas de tortuga, imperturbable y concienzudo, aunque recuerda también que «cada tanto parecía vivir en sueños... Si le llegaba una idea, en medio del dictado de una carta, podía interrumpirse de golpe, hacerse con un folio y comenzar a escribir a toda velocidad».

«Es el trabajo más interesante del mundo», aseguraba Eliot en una carta a un amigo: «Es tranquilo y me permite vivir en Londres, continuar mis trabajos y ver a los amigos; el banco es acogedor y estimulante». La mujer de Eliot escribe a su suegra el 30 de abril de 1917: «Se interesa intensamente por las finanzas, y creo que tenía en este campo grandes capacidades que no habíamos sospechado hasta ahora». El poeta, que colabora también con el periódico *New Statesman*, se burla de sí mismo en un poema en francés, «Mélange adultère de tout»: «*En Amérique, professeur; / en Angleterre, journaliste;... en Yorkshire, conférencier; / à Londres, un peu banquier*».

Solo cuando América entra en guerra, la aventura en la banca se acaba. El poeta quiere entrar en el servicio activo, pero el ejército lo rechaza a causa de una hernia doble. Eliot vuelve a la carga en 1918 proponiéndose para el contraespionaje. En la Intelligence sus conocimientos del terreno europeo lo hicieron efectivamente útil. Pero su amigo Ezra Pound se preocupó de tutelarlo, y se enfrentó a la Embajada de Estados Unidos; explicó a los funcionarios que, si el objetivo de la guerra «no es solo la democracia, sino la civilización, sería una locura poner en riesgo a uno de los seis o siete americanos que en esta civilización pueden aportar una contribución decisiva» —y, en efecto, es bien sabido que al autor de *La tierra baldía* le concedieron el premio Nobel en 1948—; en cuanto a su participación en la guerra, surgieron nuevos problemas.

La «Navy Intelligence» recluta a Eliot, quien dimite de su puesto en el Lloyds Bank. Mientras tanto, desde Washington anuncian que no encuentran su dossier; el armisticio ha sido firmado, y Eliot permanece como civil, y desempleado. Afortunadamente, en 1925 conoce a Geoffrey Faber, que debe lanzar en septiembre la editorial Faber and Gwayer. Geoffrey Faber está encantado de haber encontrado a un poeta que además sabe hacer cuentas, y le ofrece el cargo de director editorial. Es un contrato que le asegura, durante cinco años, un sueldo que equivale a cuatro quintos del sueldo de empleado de banca. Mientras constituía la Faber and Faber, que se convertiría en la primera editorial de poesía de Inglaterra, Eliot declaró: «La poesía no me ha sido de gran ayuda en mi carrera bancaria; en cambio, mi trabajo en banca me ha permitido escribir mis poemas. Por la noche, no tenía el espíritu envenenado del trabajo del día y podía llevar adelante dos vidas intelectuales distintas».

Raymond Chandler

Raymond Chandler hizo la guerra en *kilt*. Desembarcó en 1912 en Nueva York, y se declaró ciudadano americano con un acento inglés que se cortaba con cuchillo (aunque él decía «con un bate de béisbol»). Pese a las Public Schools británicas, había nacido realmente en Chicago, con padres de origen irlandés; pero el primer trabajo que tuvo fue en Londres, para la Real Marina Inglesa, sección de aprovisionamiento: debía registrar municiones y otros suministros. Creía que le dejaría tiempo para escribir poesía, pero encontró el trabajo «completamente embrutecedor», y pensó en el periodismo. Para obtener una entrevista, había pensado este método: proponía a los propietarios comprar una participación del periódico. «Ciertamente, en este momento no prevemos un aumento de capital», respondían las secretarias asombradas. Después, lo ponían a prueba, y, como era muy tímido para escribir noticias, lo despedían. Por eso, en 1912 Chandler decidió intentarlo en los Estados Unidos.

En el transatlántico conoció a alguien que se revelaría fundamental en su vida: Warren Lloyd, graduado en Filosofía en Yale, y gran petrolero. Fue él quien le encontró un buen trabajo. No se puede decir que Chandler no lo intentara por su cuenta. Recorrió desde Nebraska a California, y llegó a acumular treinta y seis trabajos, todos ellos decepcionantes: recogió albaricoques en una granja durante diez horas al día, por veinte centavos la hora; o encordó raquetas de tenis, por doce dólares y medio por semana de cincuenta y cuatro horas laborales. Pero, cuando empezó a trabajar de contable —había seguido un curso especial—, su carrera «creció tan rápidamente como una secuoya»; de hecho, le permitió escribir durante veinte años. Al comienzo, Warren Lloyd presentó su candidatura a Los Angeles Creamery, cuyo tesorero se había casado con una prima hermana suya. Pero tras la guerra, Chandler se trasladó a San Francisco, pensando que le darían trabajo en alguno de los dos bancos ingleses de la ciudad. No obstante, descubrió entonces que el esnobismo británico había empezado a molestarle, tras haber visto tanta muerte durante la guerra (fue el único superviviente de su batallón). Volvió a Los Ángeles, donde aguantó en el *Daily Express* apenas seis semanas. Así que volvió con los Lloyd, que al menos le ofrecían mundanidad, y ellos le propusieron a la Dabney Oil Syndicate, fundada por el hermano de Warren.

Era el gran *boom* petrolífero de Los Ángeles. Tras Shell, Dabney era el segundo gran petrolero de la época. Chandler trabajaba como asistente del contable de la empresa, que en 1923 fue arrestado por fuga de capitales. El sucesor murió tras desplomarse víctima de un ataque al corazón sobre la mesa de trabajo. Chandler fue nombrado entonces jefe de contabilidad, e inmediatamente después subdirector. Lo apodaban «el genio»; tenía verdadero talento. «He sido el mejor mánager de Los Ángeles, y verosímilmente uno de los mejores del mundo», llegó a decir después, y probablemente estaba en lo cierto. Tenía un sueldo de mil dólares al mes, una mujer veinte años mayor que él, un Hupmobile a su servicio y un descapotable Chrysler de su propiedad.

Hay un episodio muy esclarecedor que permite imaginarse a Chandler trabajando. Un camión de la empresa transportaba largos tubos de perforación; sobresalían en gran medida de la caja, aunque iban iluminados con la reglamentaria luz roja. Un coche, con un par de marineros «borrachos como cubas» y dos mujeres, chocó contra el camión. Con cuatro muertos, el seguro prefería pagar y no ir a juicio; las compañías huían de procesos tan costosos. Chandler se negó: «¿Qué os cuesta pagar? Un poco después nos subiréis la póliza. Nosotros vamos a juicio; si ganamos, os ayudaremos a recuperar las pérdidas. A menos que vosotros paguéis sin aumentar la póliza». El asegurador dejó la oficina sin hacer ningún comentario. Chandler contrató a los mejores abogados, encontró a los clientes de los tres bares que habían echado a los marineros por borrachera molesta, y ganó el juicio. La compañía de seguros reembolsó a la Dabney: le costó un tercio de lo que estaban dispuestos a conceder sin ir a juicio. Nada más pagar, Chandler cambió de aseguradora. «La vida es una lucha», suspiraba Chandler: «Cuando se hace un favor a alguien, se acaba siempre perdiendo lo propio y lo ajeno».

En 1932, a los cuarenta y cuatro años, Chandler fue jubilado (por la Gran Depresión, decía él; en realidad, bebía, no iba mucho al trabajo, y molestaba a los empleados). «He gastado diez años de mi vida como factótum de un millonario corrupto», decía Chandler. Los Lloyd le dieron una jubilación de cien dólares al mes, para que pudiera dedicarse a la literatura. Él se matriculó en un curso de escritura por correspondencia, y se pasaba el día leyendo revistas *pulp*. Encontraba que Dashiell Hammett, en particular, escribía con elegancia suprema: su estilo, en los peores momentos, le hacía pensar en *Mario el epicúreo*, de Walter Pater. Empleó algunos años en crear a Philip Marlowe. Pero hasta *El sueño eterno*, Marlowe se enfrentará no tanto con criminales como con los «parásitos» responsables de todas las corrupciones habidas y por haber; ese mundo de ricos que Chandler había conocido tan de primera mano, y del cual había formado parte, cuando trabajaba.

Lawrence de Arabia

A los diecisiete años, Thomas Edward Lawrence se escapó de casa durante la noche, fue en bicicleta a Cornualles y se enroló como soldado raso en el batallón de reclutas de la Royal Artillery. Su padre fue a Cornualles, pagó la liberación y se lo llevó a casa. Era un *baronet* irlandés llamado Chapman, que había dejado mujer y cuatro hijas para escaparse con su gobernanta. Con ella tuvo otros cinco hijos, y fue entonces cuando adoptó el apellido de Lawrence. La mujer era muy religiosa y solía castigar a T. E. Lawrence, al que llamaban Ned, su segundo hijo, a recibir golpes en las nalgas desnudas. Para mantener esta vasta familia, el padre había reducido al mínimo su ritmo de vida, y contaba con que T. E. obtuviese una beca para estudiar en Oxford. Ned, en efecto, ganó el concurso de historia para el Jesus College, y el padre lo recomendó a dos conocidos: al profesor de árabe en Oxford y a David George Hogarth, arqueólogo, orientalista y además especialista político para Oriente Medio en los servicios secretos. Era 1907 y Lawrence tenía diecinueve años.

Hogarth, que era la mayor autoridad y el más competente experto en las provincias árabes del imperio otomano, lo convirtió en uno de sus colaboradores en el Political Intelligence Service, un organismo todavía oficioso y que solo con la guerra se convertiría en el formidable Arab Bureau.

Su actividad principal era la arqueología, disciplina en la que Lawrence hizo enormes progresos. Para la tesis —sobre las construcciones militares de los croatas— partió a Oriente Medio armado con un teleobjetivo, una pistola y cartas geográficas que actualizar (un encargo de un agente amigo de Hogarth). Sobre todo era bueno con el árabe, que aprendió gracias a un sacerdote sirio que vivía en Oxford, y a las conversaciones mantenidas con el famoso explorador Charles Doughty. «Viviendo como un árabe entre los árabes», volvió con los materiales necesarios para su tesis, titulada *Crusader Castles*, que le valió el grado cum laude. Esto convenció a Hogarth de que tenía que recomendarlo para una beca postdoctoral, e incorporarlo a una expedición arqueológica en Karkemis, en Asia Menor, que el profesor dirigía por encargo del British Museum. En realidad, la expedición tenía motivos políticos, y entre los financiadores figuraban departamentos ministeriales que nada tenían que ver con la arqueología.

Karkemis, a cien kilómetros al nordeste de Alepo, era un emplazamiento arqueológico hitita cuyas excavaciones se habían iniciado en 1878, pero que después, por falta de descubrimientos interesantes, fueron abandonadas. No obstante, cuando en 1910 la línea de ferrocarril Berlín-Bagdad, construida por los alemanes, alcanzó el Éufrates, volvió a despertarse de improviso el interés de los ingleses por Karkemis. La expedición debía vigilar la actividad de los alemanes. En un momento en que el imperio otomano estaba diluyéndose, para Inglaterra resultaba de la mayor importancia instaurar su predominio sobre Siria y Arabia, para controlar el canal de Suez. Los arqueólogos vivían en cabañas de arcilla en la orilla del Éufrates. Lawrence —a quien Hogarth había ordenado perfeccionar el árabe en la escuela de la misión americana en Biblos, cerca de Beirut— vivía en contacto con los trabajadores árabes y curdos; eran más de doscientos, y acabaron por considerar a aquel inglés tan raro como a uno de los suyos. Lawrence trabó amistad en particular con un joven guía de asnos llamado Dahoum, que significaba «oscuro», aunque era de piel clara. Hogarth permitió pronto que Lawrence prosiguiera con las excavaciones y el espionaje; Lawrence le escribía que aprender el árabe con un marcado acento podía ser muy útil. En verano hacía excursiones por Siria con Dahoum y el jefe de los trabajadores, Hamoudi. Ocasionalmente, se encargaba de pequeños trabajos manuales, como el transporte de camellos por el Éufrates. Más tarde, durante un periodo de tiempo más prolongado, fue descargador en las carboneras de Puerto Saíd.

En 1913 Hogarth lo envió al Sinaí, a un lugar secreto, para una misión de espionaje militar. El primer conde de Cromer, agente inglés y cónsul general de Egipto, quería que aquella zona fuese vigilada, ya que se trataba de territorio turco junto a la frontera turcoegipcia. «T. E. Lawrence era por naturaleza muy observador e inteligente, y estaba dotado de muy buena memoria», escribió el capitán Newcombe, del ejército inglés; «cuando llegó a El Cairo para colaborar conmigo en la Military Intelligence», añadía, «fue capaz, más que ninguno de nosotros, de sumarle varias cosas al interés por el trabajo ya desarrollado de joven como arqueólogo en Oxford». La patrulla del Sinaí se colocaba bajo los respetabilísimos auspicios de la Palestine Exploration Found para reconstruir el itinerario seguido por los israelitas en los cuarenta y cinco días pasados en el desierto. En Akaba, las autoridades turcas prohibieron a la expedición acercarse a la ciudad, pero Lawrence y Dahoum se infiltraron entre los centinelas y organizaron la patrulla. Los turcos sospechaban, y Lawrence fue conminado a realizar rápidamente el informe sobre las investigaciones arqueológicas, con el fin de publicarlo bajo la protección de la Exploration Found.

Cuando estalló la guerra, Lawrence pidió a Newcombe, y más tarde a Hogarth, que utilizaran sus servicios. El encargo llegó en diciembre: tenía que desplazarse a El Cairo como refuerzo de la Military Intelligence Office. Lawrence se embarcó en Marsella el 9 de diciembre de 1914; una semana después de su llegada a El Cairo escribía a Hogarth que estaba organizando con sus compañeros la nueva oficina de información. «La cosa», escribía, «promete ser divertida de verdad.» Charles Boutagy, un cristiano de Haifa que fue su primer agente reclutado en tiempo de guerra, contó que fue adiestrado personalmente por Lawrence, que trabajaba dieciocho horas al día y nunca parecía considerar el dinero un obstáculo. Se confundía con los locales hasta el punto de que descuidaba la higiene como ellos; de hecho, Lawrence era considerado «el oficial más guarro de la oficina de Egipto». En 1917, en plena guerra, escribió un manual dedicado a los funcionarios políticos: «Si aceptas las costumbres árabes cuando te encuentres entre las tribus, ganarás su confianza y sus confidencias, que te serán difíciles de obtener si entras vestido de uniforme. Por otro lado, se trata de algo difícil y peligroso. Te sentirás, durante meses, preso del nerviosismo, como un actor que recita. El éxito completo, que se obtiene cuando los árabes se olvidan de que eres un extranjero y hablan con toda franqueza delante de ti, considerándote uno de los suyos, se obtiene solo mediante la fuerza del carácter... El secreto esencial al tratar con los árabes está en estudiarlos ininterrumpidamente».

En 1916, a los veintiocho años, fue enviado en auxilio del general Townshend, atrapado en Mesopotamia con su cuerpo de expedición de diez mil soldados ingleses. La misión de Lawrence consistía en ofrecer hasta un millón de libras a los turcos de Khalil Pacha, que los habían rodeado, para que los dejaran salir del cerco. En el cuartel general, a bordo de un vapor atracado en el Tigris, Lawrence recibió un trato infame; dijeron que aquella misión no era honorable para un soldado (aunque él no lo fuera). En cualquier caso, Khalil Pacha rechazó desdeñoso la oferta del millón, y después la de dos millones de libras. En Basora, Lawrence fue golpeado por su ausencia de sentimientos panárabes; le pareció que los nacionalistas preparados para la revuelta eran, como mucho, «una docena». Sin embargo, se explaya bien al hablar de la revuelta para despedazar el dominio del imperio otomano que se extendía, desde hacía cuatrocientos años, desde Argelia al Golfo Pérsico, y desde Alepo hasta el océano Índico. En un informe confidencial fechado en enero de 1916, cuando todavía es oficialmente un teniente destinado a la oficina de información del estado mayor en El Cairo, ilustra el interés que para Inglaterra pudo tener la revuelta árabe: «Es ventajosa para nosotros», y también lo es «el desmoronamiento del imperio otomano, porque los estados que se formarían serían menos peligrosos que Turquía en manos de los alemanes. Los árabes son todavía menos estables que los turcos. Si se actúa de manera oportuna, continuarán, políticamente, formando un estado mosaico, un tejido de pequeños principados celosos e incapaces de la mínima cohesión». Escribe después, en un informe del 9 de abril de 1916, que, a fin de soliviantar a los árabes contra los turcos, «con el general consenso del islam, conviene que el califato fuese para el representante de la familia del profeta, Hussein, el guardián de la Meca», en lugar de para el sultán de Turquía. «Inglaterra no puede crear un nuevo jefe espiritual, no en mayor medida que los japoneses que pretendan imponer un nuevo papa en Roma. El sultán de Egipto no puede aspirar al Califato, porque el verdadero árabe, y quizá también el sirio, siente desprecio por los egipcios. El más probable candidato al califato sería el guardián de la Meca. Es sostenido por el dinero de los turcos... que nosotros podremos reemplazar con el nuestro».

Hussein era una altísima autoridad religiosa, descendiente directo de Mahoma y guardián de los lugares santos de la Meca y de Medina, donde dos de sus hijos, Alí y Feisal, a comienzos de junio, hablaron con quinientos soldados árabes del ejército turco, declarando, bajo las órdenes de su padre, el estado de guerra.

El 10 de junio de 1916 Hussein apuntó su fusil desde la ventana de su casa con dirección a la Meca e hizo fuego contra la guarnición turca. Era el comienzo de la revuelta árabe, que Lawrence llevó triunfalmente hasta la conquista de Damasco. Como jefe militar eligió al tercer hijo de Hussein, Feisal, árabe altísimo y extraordinariamente guapo, que contaba entre sus seguidores a los jefes de las tribus de la costa.

Comienzan los cinco años legendarios de Lawrence como jefe militar; el inglés de los ojos azules que conduce a los beduinos del desierto, «guiándoles hacia una impetuosa victoria final». Adopta la táctica de la guerrilla, acomete acciones contra la principal línea de suministro turco, la línea de ferrocarril de Damasco a Medina. Por la captura del puerto de Akaba en el mar Rojo, es ordenado Caballero del Baño. Un ametrallador de Lawrence, Tom Beaumont, cuenta que «ni siquiera pensaba en cambiarse de ropa o en desnudarse por la noche. Dormíamos en un agujero cavado en la arena con una cubierta para protegernos. Pasaban a menudo cuatro meses antes de que pudiésemos cambiarnos siquiera. Para lavar la ropa usábamos combustible de avión. Para afeitarnos teníamos un tarro lleno de agua que servía para diez hombres». En la batalla de Tafileh los árabes derrotan a las fuerzas turcas, que les superan en número; en el Arab Bureau estaban convencidos de que la táctica había sido diseñada por Lawrence, que en esta ocasión fue condecorado por el Distinguished Service Order. Sucedía a menudo que «el desierto», escribe Lawrence tras sumar el ejército de Feisal, los egipcios y los ingleses, «se había convertido en algo escandalosamente lleno de gente».

Es en la conquista de Damasco cuando los ingleses deciden ignorar a Lawrence: Siria será incorporada a un protectorado francés, y Feisal guiará solo las regiones interiores de Arabia, pero sin ninguna injerencia en el Líbano. Lawrence, que había prometido un estado independiente árabe a Feisal, negó por dos veces haber tenido conocimiento de los planes ingleses y franceses, y regresó a Inglaterra con el rabo entre las piernas. No obstante, indujo a Feisal a participar en la Conferencia de Paz que se celebró en París. En la delegación inglesa, «Lawrence, el vigésimo octavo conquistador de Damasco, con cara de niño, es la figura más fascinante», escribe un miembro de la delegación americana, James Shotwell. Pero las aspiraciones de Feisal se vieron frustradas; Hogarth vuelve a Oxford «profundamente amargado». Lawrence vuelve a El Cairo, al Arab Bureau, solo para recoger las cartas que le servirán para escribir *Los siete pilares de la sabiduría.*

La parte política de su empresa se había revelado como un fracaso total. Las tropas francesas llegan para expulsar a Feisal de Siria, y Lawrence se retira deprimido a Oxford para escribir la novela de su desventura. Es Churchill quien lo rescata del aislamiento convenciéndole para que trabaje para él en la Colonial Office, con un salario de mil doscientas libras al año, como consultor para los asuntos árabes. Feisal es nombrado rey de Irak, Lawrence es plenipotenciario, y reorganiza en Transjordania la administración del país; luego abandona la Colonial Office, y deja Arabia para siempre.

También en la escritura mostró una extraordinaria tenacidad. No tenía horarios y solo comía a veces, en los bares de las estaciones de Londres, porque están abiertos de día y de noche. Era famosísimo, y para huir de la persecución de los periodistas, y dada su penuria, pidió que lo llevaran a la RAF como simple aviador con un nombre falso. Dijo que para él resultaba muy difícil no hacer nada, y que deseaba «mezclarse con un grupo de semejantes». Churchill estaba contrariado, e intentó oponerse al proyecto. Lawrence dormía con los vagabundos de los muelles, cuando finalmente fue enrolado en la RAF, donde, en la visita médica, sus cicatrices suscitaron notable interés y estupor. «Lo peor, cuando se dicen mentiras desnudas, es que el enrojecimiento se ve hasta abajo», escribe Lawrence en *El aviador Ross,* el libro dedicado a su estancia en la RAF. En el centro de adiestramiento de Uxbridge vivían en barracones con los techos de hojas, y en verano se asfixiaban de calor. Los reclutas limpiaban el suelo y el recinto de las porquerizas; las letrinas no tenían puertas, y los ejercicios eran extenuantes. Con el tiempo, los aviadores comenzaron a sospechar y los periodistas a tomar posiciones junto al campo. Pero, aunque ofrecieron mucho dinero por una foto suya, nadie lo traicionó. El 27 de diciembre de 1922 el *Daily Express* reveló su secreto; Lawrence rechazó el grado de oficial, y pasó a la clandestinidad.

John Bruce, el joven con quien había hecho amistad en la RAF —y al que también ha propinado secretos azotes—, cuenta que le había escrito que estaba en la calle, y que dormía donde le apetecía; para comer, había empeñado el reloj. El muchacho le envió cinco libras, y fue a Londres con la intención de ser portero de un local para intentar volver a entrar en contacto con él.

Lawrence reapareció. Había dormido a menudo en el sidecar de su moto. Quería entrar ahora en el cuerpo de la Armada, aun considerando al ejército «una apestosa montaña de estiércol». George Bernard Shaw escribió al primer ministro que era un escándalo, además de «una idiotez sin igual», que Lawrence fuese un simple soldado raso. En diciembre de 1926 fue trasladado a la India. En Karachi no tenía mucho que hacer, pero al menos acabó *El aviador Ross*. En Afganistán, mientras tanto, había estallado una revuelta, y Lawrence fue acusado de haberla fomentado: India pidió su repatriación.

Fue trasladado a la base de hidroaviones de la RAF en Plymouth Sound, donde promovió una serie de innovaciones, desde los tipos de ordenanzas hasta la abolición de la pena de muerte por cobardía. Tras la caída de un hidroavión, se dedicó también al diseño de medios veloces de salvamento. Estaba a punto de volver a la vida civil, asombrado por el «vacío» del ocio, cuando sufrió un fatal accidente de moto. Nunca conoció el valor que alcanzaría su novela; en ese sentido, en diciembre de 1922 le tocó intentar convencer a la mujer de Bernard Shaw, Charlotte, una sesentona oronda amante de los sombreros de flores: «Ella es una grandísima personalidad que se eleva muy por encima del suelo... ¿Si ella no sabe qué es un gran libro, de qué sirve decírselo?».

Paul Morand

Quedó primero en el primer concurso de la diplomacia francesa, conocido como «pequeño concurso de Asuntos Exteriores». Era 1911. Asignado a la Oficina de Protocolo, ordenó rápidamente el hábito —el uniforme— en el Pavillon de Rohan, donde, en el siglo anterior, lo habían precedido otros dos escritores, Chateaubriand y Lamartine. Se hizo notar llegando tarde a su primer almuerzo oficial. Al año siguiente, en el Gran Concurso de las Embajadas, conoció a Alexis Léger, poeta que adoptaría posteriormente el nombre de Saint-John Perse, mudo, con modos majestuosos de la raza criolla. Ya había publicado un libro de poemas sobre las Antillas, pero no pasa el concurso. Morand, sin embargo, es nombrado *attaché* de la Embajada en Londres. Morand adora Londres. Tras la graduación ha pasado un año en Oxford, enviado por su padre, por consejo de Alfred Douglas, el amigo de Oscar Wilde (el padre de Morand es un artista con muchos amigos intelectuales; no se preocupa del dinero, nunca ha entrado en un banco, encarga todos los años el mismo traje sin probárselo, porque es «sutil como un Valois»).

Cuando en 1913 Morand se presenta al embajador en Londres, Paul Cambon, este le fulmina con la mirada a través del monóculo: va vestido de marrón, con zapatos claros. Por el sueldo de ciento veinte francos al mes, no hay mucho que hacer: Morand pide permiso para ausentarse y seguir de cerca la revolución irlandesa. «Usted pertenece, ¿no es cierto?, a la nueva generación de *attachés* que quieren firmar tratados», comenta Cambon, que lo define rápidamente como su *attaché* cubista. Morand frecuenta el buen mundo: el salón de Margot Asquith, que es la mujer del primer ministro (por lo que almuerza a menudo en Downing Street, esperando que los colegas no lo descubran). Una hija de esta familia «de saltimbanquis» se casará con Antoine Bibesco, el amigo de Proust. Morand frecuenta en Londres a lady Cunard, una excéntrica amiga de la familia real, cargada de pulseras en cada brazo y protectora de los ballets rusos; entre sus amantes, un día elegirá al que le parece el más guapo de los surrealistas, un jovencísimo Louis Aragon, que intentará suicidarse cuando ella lo deja por otros pretendientes: los farmacéuticos de Montmartre tenían orden de no suministrarle medicamentos peligrosos. Morand frecuenta después a Catherine d'Erlanger, que tiene salón en la casa de Picadilly que había sido de Byron. Alguna vez trabaja: transporta, por ejemplo, la valija diplomática a Constantinopla, viajando en el Orient Express. Pero no hay noche en que no tenga un baile que se alargue hasta el amanecer («El año anterior a la guerra fue de los más brillantes…»). El 31 de julio de 1914 asiste con su embajador a la representación de *Boris Godunov* en el Covent Garden; al volver a la embajada el teléfono está sonando: es el jefe del Gobierno inglés, que solicita a Francia que entre en guerra. El 3 de agosto, Morand vuelve a Francia, ya movilizado. Es convocado al 4º Regimiento de Infantería, y destinado en la sección Cifra del Ministerio de la Guerra. Pero el 1 de septiembre es puesto de nuevo a disposición de Asuntos Exteriores: «Una reorganización del servicio nos permite prescindir de la colaboración del señor Morand, de quien no podemos por menos que señalar su celo». Paul Cambon ve regresar a Londres a su *attaché*, de quien ha dicho en un informe: «El señor Morand es discreto, modesto y educado. Con un poco de experiencia se convertirá en un excelente secretario».

Morand debe ocultar sus costumbres y su talento. Pero, transferido a París en 1916, le será más difícil disimular con su nuevo jefe en el Quai d'Orsay, Philippe Berthelot, apodado «el olímpico». Practica la diplomacia como un arte, es cultísimo, frecuenta a políticos excéntricos como Léon Blum, y a artistas y a genios del teatro, como Cocteau, Lugné-Poe y el extravagante y vistoso Sacha Guitry; también a Morand, evidentemente, y a músicos como Auric y Milhaud. Cuando Berthelot es defenestrado, Morand lo ve marcharse mirando «como Fabrice mira al mariscal Ney mientras se aleja al galope del campo de batalla». «Todo lo que hacía agradable el trabajo desaparece», escribe.

Morand, que en Londres vivía en las Eaton Mansions, entre Belgravia y Chelsea, ahora vive en el Palais Royal, el lugar más tranquilo y refinado de París. Pero, después de encontrar a la princesa Soutzo —riquísima aristócrata rumana separada del príncipe Dimitri Soutzo, pequeña, morena, culta, picante, «una Minerva que se ha tragado a su búho»—, esta le convence de que se mude con ella a una casa en la avenida Charles Floquet, con un gran salón de ocho metros de altura y treinta de largo, construida gracias a la venta de las acciones del petróleo rumano. Entonces Morand es nombrado, el 21 de octubre de 1917, tercer secretario en Roma. Su nuevo amigo, Marcel Proust, se felicita «por algo que le apena: pero ¿por qué elegir entonces un amigo que es diplomático?». Morand había oído hablar de Proust, mientras estaba en Londres, a su común amigo Bertrand de Fénelon. Después había leído *Swann*, y había afirmado: «Es el libro más bello jamás escrito, tras *La educación sentimental*». Un colega de Morand en la embajada de Londres, Henri Bardac, se lo había comentado a Proust. Así que una tarde de 1916, Proust se presentó a Morand, que estaba de permiso en París hospedado en el apartamento de Bardac: «Soy Marcel Proust». En agosto de 1916, transferido al Quai d'Orsay, Morand iba a menudo a buscar a Proust por la tarde, y muchas de las anécdotas que le contó esos días acabaron teniendo su reflejo en *En busca del tiempo perdido;* le habló, por ejemplo, del marido de la marquesa de Ganas, que tenía un espléndido Cézanne, aunque nunca lo había visto: «La marquesa lo tiene en su habitación, así que no he tenido ocasión de admirarlo todavía». Esa anécdota se convertirá al final de *Guermantes* en una broma del marido de Oriente. «En el Palazzo Farnese, estaba muy solo», se lamentará Morand, que añora a los amigos de París, y no se entiende con el embajador Barrère. Pero ha alquilado, en el jardín de Villa Strohlfern, en el Pincio, un estudio «secreto e inhabitable». Descubrirá más tarde que fue allí donde Rilke comenzó a escribir sus *Cuadernos de Malte Laurids Brigge*, en 1904. Pero a principios de primavera es trasladado a Madrid. Durante dieciocho meses trabaja en el Bloque y en sus listas negras. En Madrid está Diáguilev, y comen a menudo juntos en el Palace. Además, se divierte con el escritor

Ramón Gómez de la Serna. Con el lamento del embajador Thierry, que protesta que no podrá nunca, con la experiencia adquirida, ser «más útil» que en la sede madrileña, Morand debe volver a Francia para renovar sus obligaciones militares: esta vez se le diagnostica una afección cardiaca orgánica; certificado obtenido gracias a sus amigos Hélène y Etienne de Beaumont. La comisión de reforma confirma el diagnóstico hasta julio de 1919, año de la desmovilización. Vuelve a Madrid, desde donde publica una segunda novela, *Aurore*, inspirada por lady Cunard (la primera, *Clarisse*, evocaba a Catherine d'Erlanger). Con el armisticio, Morand recopila sus poemas, e irrita a Proust con el que le dedica: *«Ombre / Née des fumées de vos fumigations / ... / Proust à quels raouts allez-vous donc la nuit / pour en revenir avec des yeux si las et si lucides»* («Sombra / nacida de los vapores de sus fumigaciones / ... / Proust, ¿pero a qué fiestas va usted por las noches / para volver con estos ojos tan cansados y tan lúcidos?»;* «raouts» evocaba «rats», los ratones que Proust pinchaba en compañía de los jovencitos: era la perversión particular de Proust, a quien apodaban «el hombre de los ratones»). Pero Proust escribió igualmente un prólogo a *Tendres Stocks*, el primer libro de Morand, que recogía tres retratos, los dos amores ingleses, más un perfil femenino francés.

El 16 de mayo de 1920, Morand es asignado al servicio creado por Berthelot para la difusión de la cultura francesa en el exterior. Como jefe, tiene a Giradoux, el escritor, que es colega suyo y seis años mayor que él, y amigo desde siempre. Con otros escritores, como Edmond Jaloux y Francis de

---

*.   La traducción es de Marie Christine del Castillo, en su edición de los *Poemas*, de Paul Morand. Granada, Comares, 1996. *(Nota del traductor.)*

Miomandre, formarán la «banda del Quai», espíritus anticonformistas, abiertos y clarividentes en sus elecciones literarias. Es siempre mundanísimo, y frecuenta al «grupo de los seis»: Cocteau y Radiguet, Chanel, Jean y Valentine Hugo, y el mecenas Etienne de Beaumont; y, en el «Bouef sur le toit», a los surrealistas, a Derain, al príncipe Youssoupov. Sin embargo, sale a menudo de París (solo en los años 1920 y 1921, a Budapest, Constantinopla, Londres, Berlín, Escandinavia). Pero como todos los exiliados, es fidelísimo a sus amigos.

La noche es larga y *Cerrada de noche*, dos recopilaciones de relatos publicadas en el 23 y en el 24 respectivamente, hacen de Morand el escritor de éxito de los años locos. Jean Patou retoma los títulos para sus modelos; se le adapta al cine. El escritor supera al diplomático. Para escribir *Lewis e Irene*, que narra los amores entre Chanel y Boy Capel, negociante *dandy*, Morand debe documentarse sobre el mundo de las finanzas, y la prensa escribe que hará un *stage* en un banco. El Ministerio de Exteriores eleva una nota de protesta: «El señor Morand es funcionario de este organismo, y no se comprende cómo pueda estar en un banco escribiendo libros». *Europa galante*, del año 25, se nutre de sus viajes: los tres relatos rusos, por ejemplo, provienen de su experiencia como diplomático en Moscú. Pero el mismo año 1925 llega su asignación a Bangkok. El pasaporte diplomático, refrendado por Alexis Léger, precisa que viajará a Siam pasando por Estados Unidos, Canadá, Japón y China. «Adiós a Occidente»: tras abandonar el Hudson, después el Niágara, Chicago y Vancouver, el 8 de julio de 1925 Morand parte rumbo al Pacífico. Desembarca en Yokohama; un terremoto casi la ha destruido. Paul Claudel ha trasladado al embajador a Chuyenzy, y lo hospeda por una noche. Desde Kioto se traslada al corazón del Japón antiguo, Nara, con sus templos del siglo VI y VII, y, desde Osaka y Kobe, vuelve a embarcarse hacia China y Pekín. Shangai, Singapur (en la travesía, un mercader de fieras le inspirará *East India & Co*), y finalmente Bangkok, que le recuerda a Venecia. Pero, afectado de disentería, marcha hacia Camboya y escribe al Ministerio de Exteriores para que le repatrien. En la clínica Augier, en Saigón, recibe la visita de Malraux, que regresa del proceso por el robo de las estatuas jemer. Está «flaco, pálido, parece un fantasma; más enfermo que los propios enfermos». El 2 de noviembre, Morand vuelve a marcharse, con unas cuantas cabezas de Buda robadas y envueltas en hojas «como cabezas cortadas». Sumatra, Adén, el mar Rojo, Yibuti, el canal de Suez, el Mediterráneo. *Rien que la Terre*, de 1926, narra esta peculiar vuelta al mundo: sin exotismos. Morand ve cómo llega el turismo, cómo el viaje se banaliza y las razas se mezclan sin tiempo para conocerse y aprender a soportarse. Pide un permiso de dos meses por razones de salud, y se le concede; y después una comisión de servicios del ministerio, retribuida. El 14 de diciembre de 1926 se casa con la riquísima Hélène; podrá dedicarse a viajar y a escribir. Por supuesto, pide al Ministerio de Asuntos Exteriores, como es la costumbre, la autorización para casarse con una extranjera. Pero después hace su voluntad, sin esperar respuesta.

Solo en 1932 el ministerio lo reintegra al servicio. Es puesto a disposición, *hors cadres,* del subsecretario de Turismo, en consideración «a su situación en el mundo de la literatura». Podrá prestar, dice el informe, «servicios concretos» en materia de propaganda turística. Cuando el servicio es eliminado, lo delegan al Comisariado General en la Exposición de 1937. Confían en que «podrá actuar como propagandista para el público extranjero con toda la autoridad que su reputación le asegura». Mientras tanto, ha sido promovido a consejero de embajada, con muchas vacilaciones por parte del ministerio, porque ha estado concretamente en servicio, como secretario de embajada de primera clase, tan solo cuatro meses y seis días. Ha solicitado también la Cruz de Oficial de la Legión de Honor, pero aquí el ministerio se endurece, recordando que Morand «ha roto cualquier relación con el departamento desde hace más de diez años. Su actividad, por muy digna de elogio que sea, no se ha ejercitado al servicio del ministerio». La cruz la obtendrá, no obstante, del Ministerio de Instrucción Pública.

Vuelve la guerra. Morand se encuentra en Londres, como jefe de la misión francesa de guerra económica, encargado de organizar el bloque comercial contra el Tercer Reich. En julio de 1940, la Francia de Pétain, viejo amigo suyo, ha firmado el armisticio con Alemania, y Morand piensa que está fuera de lugar entre los viejos aliados, así que decide volver a Francia. Se dice que Morand estaba influido por su mujer, que pensaba que el Führer ganaría la guerra, y que la nueva Europa sería toda alemana. Morand fue por última vez a la sede de la misión económica, y declaró: «Nosotros, los franceses, ya no estamos en guerra; en consecuencia, mi permanencia en un país combatiente es insostenible». Los colegas ingleses estaban rabiosos de ira; era «cólera al rojo vivo». «Si los alemanes desembarcan...», comenzó Morand. *«You'll be shot, all the same»,* lo interrumpieron, «te mataremos de todas formas». En Vichy lo acusan de abandono del puesto, y lo invitan «a aprovechar su derecho a la pensión».

Su amigo Pétain, el 20 de julio de 1943, lo acredita como ministro plenipotenciario de primera clase junto al rey Miguel de Rumanía. Desde esa posición, Morand intenta vender los bienes rumanos de Hélène Soutzo antes de que lleguen los rusos; pero no lo conseguirá. Hace un viaje a los Cárpatos, y el 23 de octubre, a dos meses de haberse asentado, pide volver a París. «Circula el rumor de que no volveréis más a Rumanía; estaré encantado de que permitáis desmentir esta noticia», le escribe el cónsul. Morand vuelve. «No hay más gasolina, los campesinos ya no venden nada», se lamenta. Rumanía es bombardeada, la embajada se traslada a la ciudad de Bran, en Transilvania. El 17 de mayo de 1944, Morand abandona definitivamente Bucarest, dejando la embajada al cuidado del consejero Spitzmuller. El 13 de julio es nombrado embajador en Berna. Mientras tanto, Vichy cae y Pétain es arrestado. Morand deduce, con razón, que su encargo ha dejado de ser válido, y cede la carga al consejero, que a su vez se la transfiere a Vergé, delegado de la Resistencia. El 4 de septiembre telegrafía a Massigli, comisario de Exteriores del Comité de Liberación Nacional, declarándose «preparado para ponerme a sus órdenes en virtud de las últimas declaraciones del mariscal», es decir, Pétain. Esta provocación es inútil. Un decreto firmado por De Gaulle el 14 de septiembre de 1944 supone la revocación de su cargo «sin pensión ni indemnización, en concepto de depuración administrativa». Morand, con los derechos de autor congelados y los bienes de Hélène bloqueados en la aduana, vive en Suiza de las castañas, que apila en la bañera. Allí escribe sus obras maestras. Su escritura se ha vuelto desnuda y afilada, y «el tiempo plano». Escribe, pensando en su ruina y en la de Berthelot, un ensayo sobre Fouquet, el gran mecenas superintendente de finanzas del rey Sol, caído en desgracia. En la última entrevista televisiva que concede, en 1976, reflexiona: «Alguna vez me han dicho que no he escrito el libro bellísimo que habría podido porque he tenido una vida demasiado bella». La vida bella: los treinta y cinco coches, las mujeres y los viajes, y también el trabajo sencillo y a menudo descuidado. El aspecto inmóvil de Buda que luce en la entrevista conserva todavía rastros de aburrimiento o de pena secreta de la que todos, conociéndolo, quedaban contagiados. «He sido como un niño malcriado; y todos los niños malcriados acaban siendo infelices.»

Carlo Emilio Gadda

Era su madre quien deseaba, con toda su alma, que fuera ingeniero. Un año antes de morir, en 1972, Carlo Emilio Gadda explicó en televisión: «Mi madre tenía dos primos que eran ingenieros y se había obsesionado con que yo fuese ingeniero también, ¡pero solo porque lo eran los primos!». Su madre era hija de un militar austrohúngaro que, con el Reino de Italia, había acabado convertido en un simple empleado de Correos; ella era profesora de francés, y tan severa que tenía a sus alumnas aterrorizadas. Gadda le reprochará durante toda su vida a su madre esa obsesión por las apariencias, por recuperar el estatus social (por lo demás bastante relativo) de su marido, respecto a una familia de la burguesía milanesa con un hermano, Giuseppe Gadda, que llegaría a ser ministro de Servicios Públicos. El padre de Gadda era industrial de la seda; «hilador de seda», como Renzo, «aunque de una manera ligeramente más capitalista». Pero eran menos ricos que sus parientes. «En la familia sufrimos también dificultades porque todo el dinero se iba en mantener la maldita y absurda casa en Brianza.» Carlo Emilio Gadda se licenció en ingeniería en julio de 1920, recién llegado de la guerra, e inmediatamente se marchó a trabajar a Cerdeña, a la Sociedad Eléctrica Sarda.

A finales de 1922, se embarcó hacia Argentina, donde trabajó hasta 1924 para la Compañía General de Fósforos. También todos los demás «trabajos ingenierescos» serán elegidos con el mismo criterio: cuanto más lejos de Milán y de su madre, mejor. En Roma, en Alemania, en Francia, en Bélgica; trabajos provisionales, todos ellos, con la vista puesta en el corto plazo: vida en cuartos de alquiler que abandonaba en cuanto podía, sin ninguna estabilidad, sin asentarse en ningún sitio. Cuando su hermana Carla le propone reunirse con él en Argentina, Carlo Emilio le escribe: «Debo, queridísima mía, desaconsejarte profundamente un paso similar... No quiero tener preocupaciones, al menos que provengan de vosotros». Pero en los ultimísimos años confesó que había vuelto a Italia «por nostalgia de mi madre». Y en el *Cahier d'études*, donde hacía entonces pruebas de escritura para un premio organizado por Mondadori, cuenta la historia de un militante fascista que marcha a Argentina, donde encuentra a un ingeniero pobre y aburrido, que se ha exiliado a Sudamérica para mejorar su posición: se llama Lehrer. El nombre de soltera de la señora Gadda era Lehr.

En Milán, Gadda sustituye al profesor de matemáticas del Instituto Parini. Entre los alumnos está Guido Piovene: «Siempre le ponía notable, aunque no estudiara». («Le ponías notable porque era conde», le chinchaba Giulio Caetano, de la RAI; «¿Cómo te has enterado de eso?» confirmaba Gadda). Mientras tanto, asiste a cursos de filosofía en la universidad, a fin de conseguir una segunda licenciatura humanística que le permita cambiar de vida. Pero en el verano de 1925, Gadda vuelve a trabajar como ingeniero, y se traslada a Roma para incorporarse a la plantilla de Ammonia Casale, una empresa que instala plantas para la producción de amoniaco sintético en toda Europa. Tiene un sueldo de cincuenta mil liras anuales, más dietas de viaje cuando va al extranjero. Y son los años de la canción: *Si pudiese tener mil liras al mes*. Pero Gadda es muy prudente con los gastos; su excusa es que debe ahorrar para poder vivir sin tener que trabajar de ingeniero. Mientras cambia vertiginosamente de habitaciones amuebladas —nueve o diez en un año de estancia romana— y es enviado a misiones en el extranjero (Francia, Bélgica, Alemania), continúa sus estudios, y prepara una tesis de filosofía, *La teoría del conocimiento en los «Nuevos ensayos» de G. W. Leibnitz*. Cae enfermo (sufre una úlcera «fructífera», que le permite escribir *La mecánica*), y toma una excedencia en Ammonia Casale, porque de repente licenciarse resulta una cuestión de vida o muerte: «La licenciatura me sirve únicamente para comer», escribe en abril de 1929 a Bonaventura Tecchi, el escritor, amigo de guerra y de prisión (cuando, teniente de los Alpinos, fue capturado en Caporetto y deportado a Alemania). Tecchi ya pensaba en él para el Gabinetto Vieusseux, en Florencia. Había ganado una cátedra de Germanística en la universidad, y debía encontrar un sustituto en la dirección del Vieusseux. Pero el puesto finalmente se le concede a Montale. En mayo, Gadda abandona para siempre la tesis, y se establece en Terni, para trabajar en la SIRI, una empresa controlada por la Ammonia Casale, en la que proyectará plantas para producir amoniaco.

En 1931 publica su primer libro, *La Madonna dei filosofi*, en la editorial Solaria, que pide al autor una aportación de 2000 liras. Gadda entrega solo 1500 y las otras 500 las sufraga su amigo Tecchi. Gadda en este momento gana menos que nunca, puesto que ha dejado Ammonia Casale. Durante cuatro años trabajará para los servicios técnicos del Vaticano, que están montando, por voluntad de Pío XI, una central eléctrica. El encargo le proporciona más bien poco dinero, pero al menos le deja tiempo para escribir. Vive en la pensión White, gestionada por la mujer del crítico Gargiulo, que ha destrozado *La Madonna dei filosofi*: y será la única huésped a la que Gadda no cubrirá de insultos. Así describe su nuevo trabajo a un amigo de Milán, Ambrogio Gobbi:

> Mi tarea es:
> técnicamente: contemplar cómo circulan los millones por delante de mis narices.
> moralmente: organizar los servicios de alcantarillado, electricidad, agua y gas.
> financieramente: ser retribuido con dos mil liras al mes.
> espiritualmente: encontrar que dos mil liras al mes son la cosa más bella del mundo, cuando se tiene el honor de ser el que organiza por dónde pasan todos los tubos apostólicos.

En otra carta posterior, al mismo amigo, añade: «Eres muy amable al preguntarme por mi actividad (¡fuego bajo las cenizas!) de escritor, que es la que más cerca está de mi corazón, lo único que a menudo me interesa en la vida. A nadie se le ocurre nunca preguntarme por ella».

El 4 de abril de 1936 muere su madre, y Gadda debe ocuparse de todo, incluso del desalojo de la casa milanesa. No tiene tiempo libre, porque ha dejado los servicios técnicos del Vaticano, aunque debe redactar para ellos un volumen descriptivo de los trabajos realizados. Conserva aún un par de asesorías, en Roma y en Nápoles, sin embargo hasta el otoño no puede dejar la casa de Roma porque «el alquila cerdos», el patrón de la casa, «tiene la ley de su parte hasta el 29 de septiembre». Mientras tanto, recupera el sueño largo tiempo cultivado de vender la casa de Longone («mi asombroso feudo»). Se muda a Florencia y, a los 47 años, comienza su vida de escritor. Diez años en que escribe una obra maestra (*El aprendizaje del dolor*, sobre Longone, su madre, los remordimientos, y mucho más; por ejemplo, prosas sobre los viajes al extranjero), y también años de amistad con escritores («la élite del café Le Giube Rosse»).

En 1944, Gadda deja Florencia arrasada por las bombas, y se refugia en Chianti, como huésped de Raffaele Mattioli, que debe prestarle dinero porque Italia está dividida en dos, y los títulos y las acciones de Gadda se encuentran en Milán evaporándose por la inflación. Asustado ante un encuentro con los partisanos, Gadda se dirige en plena noche a Roma, donde es de nuevo hospedado por Olga Gargiulo, la mujer del destrozador de libros. Bonaventura Tecchi le ofrece un refugio para pasar el invierno. Está escribiendo *Eros y Príapo*, cuando le vienen encargos de cuentos policiacos para *Letteratura*: es el comienzo de *El zafarrancho*… Le ofrecen veinte mil liras por la publicación seriada en la revista, y otras tantas por la edición en forma de libro a cargo de Vallecchi. Gadda escribe los primeros cinco capítulos y prepara una adaptación para el cine con la productora Lux Film. La película no se rodará finalmente, pero al menos en esta versión nos enteramos del nombre del asesino (como se sabe, en la novela de Gadda nunca se descubre). Pero estaba por llegar un verdadero trabajo.

En octubre de 1950, Gadda se presenta en via Asiago. Gracias a la mediación de un amigo, Giovanni Battista Angioletti, ha sido aceptado por la RAI como periodista en prácticas.

El primer día se presenta vestido de azul, con «una apariencia de triste dignidad». Será redactor cultural del *Giornale radio* hasta 1952. Después pasará al tercer programa en la via delle Botteghe Oscure. Se encarga de revisar los textos; al principio tímidamente, después ya más seguro. Los corrige y los transforma una y otra vez hasta convertirlos en algunos casos en algo del todo irreconocible. Los llena también de notas al margen: «Muy bien dicho», «Quién es el palurdo ahora», «Es gordo, sudoroso», «Estupidísima locura». Junto a las palabras de un gran poeta suizo: «Mi trabajo intelectual», añade con rabia: «sin valor». Cuando debía pensar él mismo en un programa, escribe sin descanso, día y noche, y llama por teléfono: «Estoy en casa, pero escribo para la RAI. Dígaselo a la joroba, ¡que no me ponga falta!» (la joroba era una empleada «a menudo entumecida»).

A la mesa de Gadda llegan cartas con las peticiones más disparatadas, y él prepara un cartel con el texto: «Reparto deficiente: modo perpetuo y cuadratura del círculo», donde incluye los mensajes más insensatos. En la redacción de la via Asiago se acumulan las publicaciones más disparatadas, desde la *Meravigliosa storia della supposta* al poema *Ariele*. Gadda estudia las dedicatorias, temiendo que fueran de un recomendado: «Será un amigo de Bonsanti». Se informa siempre escrupulosamente sobre las publicaciones de sus visitantes, y transcribe los títulos de las obras de sus colegas, decidido a comprarlas en cuanto aparecen. «La llevaría buena si tuviera que leer todos los libros de los colegas», le objeta un compañero de trabajo: «Ahora ha salido un diario de Mantelli» (el temido dirigente del Terzo). «¿Un diario de Mantelli? ¿Dónde? ¿En el *Ponte*?». Después, casi con alegría: «¡Quién sabe qué locura!».

Poco a poco, la mesa de Gadda se fue llenando de novelas de Pavese, Pratolini, Cassola. Estaba preparando un reportaje sobre el neorrealismo. A los «*Gettoni*», la famosa colección a cuyo cargo estaba Vittorini, los llamaba «las putitas», o, en los momentos de ira, directamente «los putones». Las pruebas desaparecían. «Ave Maria, gratia plena», murmuraba al teléfono, esperando que intercediese y le hiciese reencontrar la prueba necesaria. «Debo haberla destrozado en un momento de rabia.» Le pasaba a menudo; «¿A un Gadda estas cosas?», decía, y, *trac, trac,* la rompía en cuatro trozos y la tiraba a la papelera.

Pillaba a los colegas usando términos gaddianos. «¡Es muy escuálido!», decían de un colaborador. «¿Por qué?», objetaba Gadda: «Tiene buenos dientes»; una buena dentadura lo volvía indulgente. Un día surgió el proyecto de un libro de estilo de uso interno: *Normas para la redacción de un texto radiofónico*. La redacción del opúsculo, que sería publicado sin firma por la editorial de la Radio Italiana, fue encargada a Gadda. «Inderogables normas y precauciones», escribe Gadda, «deben observarse para quien habla al micrófono». Para el «radioyente», enunciaba, «el tono académico o doctrinal está excluido: solo excepcionalmente, y de forma justificada por alguna circunstancia, podrá admitirse el tono sostenido de la conferencia universitaria, el timbre patético y solemne del discurso por la muerte de Giuseppe Garibaldi o la sintaxis de bronce de *L'opera di Dante*, de Carducci. Resulta difunto también Gabriele d'Annunzio; su estilo ha decaído bastante en el gusto del público». El opúsculo fue adjuntado en los contratos enviados por carta a los colaboradores. Criticaron en particular el «resulta difunto»; Gadda objetaba: «¡Pero si es lenguaje notarial!».

Cuando estaba negociando la adaptación al cine de *El zafarrancho...*, comenzaba a alimentar un pánico irracional a ser asesinado. Pensó de repente que existía una maquinación para eliminarlo. El sicario podía ser el bigotes Germi, con sus personajes agitados, que pertenecía a una clase social «ciertamente enemiga de la familia Gadda». Aceptó asistir a un pase privado de *El ferroviario* (1956), pero, temeroso de que estallase en esa ocasión «la trampa mortal», pidió a un amigo que avisase a la policía si no le llamaba antes de cierta hora.

No conseguía acabar *El zafarrancho...* Se habría llevado el trabajo a la oficina si no hubiese sido por «el ring ring» del teléfono del compañero de oficina. Al final le concedieron un despacho para él solo, y descubrió que se trataba de una «anteletrina». Una puerta de cristal lo separaba del lavabo; tomo más consistencia la idea de abandonar la RAI.

En 1955, bajo la presión de Livio Garzanti, que le ofreció para la ocasión un gran anticipo, Gadda dejó el trabajo para dedicarse a tiempo completo a *El zafarrancho...*; inútilmente. Como dijo Cesare Garboli: «Tras un coito interrumpido, a los sesenta y cinco años, ¿quién tiene ganas de volver a empezar?».

«Quiero dejarle todo al fisco», decía, y en una de las últimas apariciones en televisión declaró: «Querría descansar, disfrutar de la jubilación». Pero algunos grupos de poder lo hostigaban; temía tener que retomar en la mano la «triste routine» de la escritura.

Louis-Ferdinand Céline

Con dos medallas en su haber, una al valor militar, a la que se unió la Cruz de Guerra, y presumiblemente gracias a una recomendación, Céline es destinado el 10 de mayo de 1915 al cuartel general supremo junto al consulado francés en Londres. Su misión consiste en dar la opinión militar para la expedición de visados de ingreso en Francia. Mata Hari le solicita un visado; la orden es expedírselo, pero primero hay que hacerla sufrir un poco. Mata Hari invita a Céline y a su colega al Savoy. La vida en Londres es divertida. El *music-hall,* en tiempos de guerra, gratuito. En diciembre, Céline es licenciado. Tiene que empezar a pensar en ganarse la vida. En 1911, Francia había cedido Camerún a Alemania, pero, gracias a la guerra, lo ha recuperado en parte. La Compañía Forestal Sangha-Oubanghi, creada en 1910 con sede social en rue de La Rochefoucauld, en París, reemprende las plantaciones y la actividad comercial (marfil y caucho). En 1916, Louis Ferdinand Destouches firma un contrato con la CFSO. La formación, que dura seis meses, es compensada con ciento cincuenta francos. El sueldo será de doscientos, más trescientos veinticinco para comida. El alojamiento está incluido. El viaje de ida es a su costa, pero se le devolverá el dinero del billete tras un año de trabajo; y el de vuelta solo se le pagará tras dos años de permanencia. Quien haga comercio por su cuenta será despedido; la repatriación sanitaria corre a cargo de la empresa. Céline firma el contrato como «des Touches», dándole un aire nobiliario.

Enferma incluso antes de desembarcar. Los mosquitos de tierra le causan fiebre. A bordo hay dos muertos, y la nave es puesta en cuarentena. Céline quiere regresar a Francia. Nigeria le resulta nauseabunda, «calor, negro húmedo, antesala del infierno». Cuando llega a Duala, a mediados de junio, ya está curado, pero le quedan recuerdos de los zumbidos de «dos docenas de mosquitos en cada oreja». Es destinado a Campo, donde planea crear una agencia para la recogida de caucho. Recorre en carro la costa meridional del país. Los alemanes, entre el río N'Tem y su afluente, el Bongola, han creado una gran plantación de treinta mil hectáreas: de ellos, la Kampo Plantation puede utilizar siete mil. Louis Destouches se establece en Bikobimbo, en lo que queda de las instalaciones alemanas: una casa de ladrillo y dos almacenes de hojas. Vive en una cabaña de seis metros por cuatro, con un techo de palma. Los indígenas, a cambio del caucho, los colmillos de elefante y el cacao, reciben tabaco, arroz, tejidos. «Envuelto en velos contra los mosquitos», escribe Céline, «nunca salgo sin casco y sin unas gafas oscurísimas, para protegerme del sol; y, sea de día o de noche, siempre llevo un revólver, por si surgen problemas con los clientes». Cuenta que tiene un negrito atado a un hilo que le sirve de campanilla, avisando a la cocina para que sirvan la comida.

Los amigos de Londres le han enviado un tocadiscos con una colección de discos. Por la tarde, sus cultivadores de etnia Fang —que hablan bantú— escuchan tangos. Pide a su padre, en París, una bacinilla para lavarse, un servicio de mesa y de té, y un listado de medicamentos que ocupa cuatro páginas. Ya ha puesto de su propio bolsillo, cuenta a los amigos, veinticinco mil francos. Fruto del tráfico, o, quizás, del cuidado de los indígenas. Vigila las plantaciones a caballo, con gafas de ciego. Un cuento suyo es publicado en su madre patria. Pero el 2 de abril, enfermo de enteritis crónica, debe ser repatriado a Francia. La compañía entonces no renueva el contrato de explotación de la plantación de cacao, que, bajo la dirección de Destouches, no ha sido precisamente muy rentable.

En París, un conocido de Céline ha fundado una revista, *Eureka*, y Céline le hace de secretario, redactor y agente de empleo. Conoce así a Abel Gance, el director de cine, y a los poetas Cendrars y Ricciotto Canudo. «Viejo médico», escribirá, «nunca he tenido que aprender de esa mascarada.» Otro secretario de la revista embarca a Céline en la guerra declarada por la Rockefeller Foundation a la tuberculosis. Diapositivas, teatros de marionetas y pequeñas conferencias muestran a los franceses los peligros del bacilo de Koch (Francia es más golpeada que otros países industrializados, porque se preocupa menos por la higiene). Un camión desembarca el material y a los conferenciantes. El conductor también hace de proyeccionista. En las escuelas, al final, los niños cantan: *Il pleut, il pleut, bergère. Va-t'en va-t'en microbe!*

La primera conferencia se celebra en Chartres, la segunda en Rennes, por invitación del profesor Follet, presidente del Comité Antituberculoso del Departamento. Es el 11 de marzo de 1918. Por la noche, en la cena, Céline conquista a la hija del doctor Follet, Edith. Durante un año, viaja por Francia dando conferencias. Lo deja solamente para casarse y licenciarse en medicina: comienza los estudios en Rennes, donde su suegro es director de la Escuela de Medicina, y los concluye en París. Estudia «como un mulo», durmiendo cuatro horas por la noche. Se forma en obstreticia. En julio de 1923, su primer destino: sustituye al médico titular de Revin, en las Ardenas. Un artículo aparecido en una revista ofrecerá un testimonio acrobático: «Los habitantes de Revin que conocieron al doctor Destouches conservan el recuerdo no de un Bardamu (el protagonista de *Viaje al final de la noche*), sino de un joven simpatiquísimo y muy distinguido, que solo tenía en común con su personaje el gusto por la paradoja... Solía atreverse a cruzar la rue de Victor Hugo sin camisa. Un día se vio en un pequeño dilema, pues quería auscultar el lado derecho de una viejecita encaramada en una de nuestras antiguas y altísimas camas, que, precisamente, se hallaba pegada a la pared por el lado derecho. El doctor no podía mover por sí solo la cama, así que superó de un salto a la ancianita, y pudo así cumplir escrupulosamente su deber profesional».

En la primavera de 1924, Céline entra en contacto en la Rockefeller Foundation con el doctor Rajchman, de la sección de higiene de la Sociedad de Naciones, con sede en Ginebra. El doctor Destouches le envía un extracto de su tesis, que trataba sobre Semmelweis, el médico que ha atacado la fiebre puerperal; un trabajo cargado ya de exclamaciones y de puntos suspensivos. La respuesta llega el 27 de junio: la Rockefeller Foundation se hace cargo del salario del *technical officer* asignado a la sección de higiene. Durante tres años, Céline tendrá un puesto de diplomático a cargo de la higiene a escala mundial. Misiones en África, en Estados Unidos, viajes por Europa, pero siempre con base en Ginebra.

Sus padres, que tenían intención de prepararlo para el comercio, le enseñaron tres lenguas. Rajchman le encarga, en su puesto, que emprenda un periplo por Estados Unidos para instruirse sobre las condiciones higiénicas en el Nuevo Mundo, y tomarlas como modelo. El 14 de febrero de 1925, Céline se embarca en Cherburgo, con destino a Nueva York. La «ciudad puesta en pie» lo asombra. «No se parece a nada que haya visto jamás, es insensata como la guerra». Se ha olvidado la ropa, y no solo la ropa. Rajchman le telegrafía: «No puedo creer que usted haya olvidado la dirección del banco donde debemos ingresarle sus emolumentos». En el *Viaje...*, no se olvidará de los bancos, las auténticas catedrales de Nueva York; y de las cuentas corrientes, sostenidas sobre el corazón como una hostia.

En La Habana, alocuciones de bienvenida, banquetes, comités y conferencias sobre la desratización, la desinfección, la eliminación de los mosquitos, la lucha antituberculosa, obviamente, y también la antivenérea, los aprovisionamientos de agua... Cuando se celebran en español, Céline se sentirá especialmente aburrido. El tratamiento de la malaria le recuerda a un ensayo juvenil, *La Quinine en thérapeutique*. Atraviesa el golfo de México, y viaja por Louisiana, Mississippi, Alabama; hace cuatro mil kilómetros en tres semanas. El 10 de abril, el grupo es recibido en la Casa Blanca por el presidente Coolidge. Céline se queja de haber sido presentado en último lugar, y de que no se haya hecho mención a su cualificación. Todo el resto del viaje, escribe a Rajchman, es «demasiado rápido y no lo bastante técnico». Tras Baltimore, llega a Nueva York con sus mataderos modelo, sus desagües colectores, y su eliminación de ratas a la llegada de los emigrantes a la isla de Ellis.

El 5 de mayo, en Detroit, la comisión visita las oficinas de la Ford. En Pittsburg, han visitado Westinghouse, donde la organización sanitaria y toda la filosofía empresarial es normal: un sistema de cobertura de seguros se ocupa de las enfermedades y las pensiones. No es así en las oficinas de la Ford. Se asume también que los discapacitados cobren el mismo salario que los demás. La Ford tiene sus propios sindicatos y sus médicos. En su informe, Céline se muestra perplejo: «Las visitas médicas parecen destinadas exclusivamente a evitar futuras demandas». Pero en sus siguientes intervenciones en el campo de la medicina social, Céline se inspirará mucho en la experiencia de la Ford: trabajo para todos, integración de medicina y fábrica. Queda seguramente algo también de la cruzada antijudía de Ford: los judíos, el alcohol y el jazz son los enemigos de América (los periódicos de Ford publicaban artículos como *«How Jews gained american liquor control»* o *«Jazz is a Jewish creation»);* el informe sobre judíos y alcohol será tomado en consideración en *Bagatelles*.

Tras Canadá, el regreso. Ludwig Rajchman está satisfecho por los resultados, y acuerda conceder a Céline un aumento: a los mil francos se suman otros doscientos cincuenta. Su suegro manda a la pareja otros dos mil, pero Céline se está planteando dejar de convivir con su mujer, e incluso la quiere fuera de Ginebra. Viaja por Holanda e Italia, donde el régimen fascista prepara el programa que se ocupa del tema de la quinina y de la recuperación de los pantanos. Céline es recibido por el Duce en persona, pero el calor es «sahariano», y la velocidad del viaje no le permite memorizar casi ningún detalle del hermoso país.

Vuelve otra vez al África negra. El 20 de marzo, el doctor Destouches desembarca en Dakar con dieciséis médicos ingleses, belgas, portugueses, un guatemalteco y un sudafricano. Su misión consiste en estudiar las condiciones sanitarias de los países africanos y en proyectar una oficina de higiene bajo los auspicios de la Sociedad de Naciones. Pero la Conferencia de Freetown resulta un fracaso. Céline ya está pensando en el final de su mandato, que ha durado tres años. El contrato tiene que acabar en 1927. Para los últimos meses obtiene un permiso por enfermedad. En 1926 ha escrito a un amigo, excompañero de armas, y le ha preguntado si conoce alguna clínica de enfermedades laborales en venta en los alrededores de París. No obstante, cuando expira el subsidio, Céline se limita a colgar en su casa de Clichy una placa: «Dr. Louis Destouches, medicina general, enfermedades infantiles». En Ginebra deja solamente deudas, y los acreedores protestarán ante la Sociedad de Naciones. Las experiencias africanas y ginebrinas volverán, en 1933, en *L'Eglise*, antecedente teatral del *Viaje al final de la noche*.

En junio de 1928 Céline imparte una conferencia en la Société de Médecine de París sobre la organización sanitaria de la Ford; y un artículo en *Presse médicale* ilustra su idea de que «la medicina burguesa está muerta». La experiencia de «tres meses de ambulatorio popular» lo han convencido de esto. Quiere apuntar a los intereses patronales para promover la medicina laboral.

En efecto, Céline está dejando la medicina privada. Gracias al apoyo del profesor Léon Bernard —«un rabino gordo» con el que ha trabajado, por presiones de Rajchman, en el Hospital Laennec—, el 24 de noviembre de 1928 es admitido, con un sueldo de dos mil francos al mes, en el dispensario abierto por la administración comunal de Clichy en la rue Fanny. El trabajo consiste en atender visitas durante hora y media cada tarde. Al mismo tiempo, Céline trabaja para un laboratorio farmacéutico, La Biothérapie, que produce un dentífrico a base de arsénico, el Sanogyl. Quien ha hecho que lo acepten es un ruso, a quien lo ha recomendado un colega de la sección de higiene. El contacto cotidiano con las disfunciones populares, el alcohol, la blenorragia, los abortos, en el lúgubre este parisino oscurecerá su escritura, pero no su trato con el público. «Era 1929, vivía en la Porte de Clichy. Contrariamente a las descripciones que dio de sí mismo, el doctor Destouches era un grandísimo hombre, alto, joven, fuerte, ojos gris azulados magníficos, y un atractivo físico evidente… No era arrogante, como lo son ciertos médicos. Al llegar, saludaba a todos. Casi siempre estaba alegre, era vivaz, y su disponibilidad y el cariño hacia los niños parecían inacabables. Hablaba fuerte, velozmente, con un tono irónico, pero sin incordiar. Estaba lleno de humor. Siempre tenía una pequeña luz en los ojos, y una gran risa sonora. Cuando entraba en la sala de espera, todas las mujeres se giraban para mirarlo», cuenta la ilustradora Eliane Bonabel, que tenía entonces nueve años. Una vez, sin embargo, según contó en 2003 el doctor Jean Girard a un biógrafo, casi mata del susto a dos padres: «Tras ser llamado por una otitis, dejó el apartamento murmurando: "Es domingo, no hay ningún cirujano disponible, y creo más en las meningitis que en los milagros"».

Céline espera que Rajchman le encargue nuevas misiones, en Inglaterra, en Dresde, en Praga o en Viena. Pero, mientras tanto, está encerrado en París escribiendo el *Viaje…*: «Es un gran fresco; puro populismo lírico; comunismo con alma», escribe a los editores, a quienes da como dirección «Dr. Destouches, dispensario comunal de Clichy, Seine». Quiere la leyenda que el editor Denöel, tras leer por la noche el manuscrito, se dirija al ambulatorio y le haga firmar el contrato en un visto y no visto. Gallimard llega tarde.

«Pese a» la publicación de *Mea culpa*, el panfleto contra el socialismo real, Céline logra mantener su puesto en Clichy. Se lamentará: «Me han atrapado con estos trabajuchos. Ayer me despidieron por mi libro [el antisemita *Muerte a crédito*] de un microscópico trabajo de cuatrocientos francos al mes en el que estaba desde hacía diez años». *Je suis partout* lo presenta como víctima de la hidra judía: «Pierde rápidamente todos los empleos y lo relevan de todos los puestos». En efecto, el laboratorio farmacéutico lo ha despedido también. Del dispensario, ha dimitido por razonables medidas de precaución, el día antes de la salida del libro.

Con el estallido de la guerra, Céline vuelve a colgar una placa en la casa de una calle de provincias de Saint-Germain-en-Laye: «Dr. Destouches, licenciado en la Facultad de Medicina de París, Licenciado Militar, medalla al valor. Medicina general, ambulatorio todos los días de una a tres». Pero los clientes no llegan. Después de que, en tres meses, el teléfono haya sonado una sola vez, el doctor renuncia. Se embarca como médico de abordo hacia Marruecos en la *Chella*, de la compañía Paquet. El barco choca: «¡Vaya noche! He suturado durante catorce horas seguidas. Toda la noche de aquí para allá. No tengo suerte con mis trabajos. Hemos arreglado precariamente el casco, y luego de vuelta, remolcados a Marsella. ¡Y me hablas de mala suerte! Me fue tan bien en aquella bañera».

La compañía le ha asegurado una garantía provisional de empleo, pero en junio un bombardero alemán cae sobre la nave y la incendia. Además, ya hace tres meses que Céline sustituyó a Sartrouville, el jefe médico del dispensario comunal, que ha sido movilizado. Después consigue sustituir a un «negro haitiano» en el dispensario de Bezons. Allí trabaja los lunes, los miércoles y los viernes de dos a cuatro. Pero se hace sustituir a menudo por la mujer del médico haitiano de quien ha tomado el puesto. Me consultaba frecuentemente, sostiene ella. Sus conferencias de medicina son divertidísimas. Pero el 20 de diciembre de 1942, invitado a hablar a los colegios médicos del grupo corporativo, clama contra «las bromas de una revolución nacional que mantiene a una judía en un dispensario de la periferia en vez de a un médico ario, obligándolo así a recorrer todos los días quince kilómetros *pedibus et omnibus*». La doctora Howyan, que trabajaba en Clichy, declara haber recibido la visita «de un alemán». Avisada por las colegas armenias, él pudo comprobar sus orígenes cristianos.

Dashiell Hammett

Su madre quería que se llamase Dashièll, nombre de soltera de la abuela materna, que era de origen francés (De Chiells) y católica; Hammett fue bautizado por un jesuita. En Baltimore, la familia vivía a diez manzanas de la casa que había pertenecido a Edgar Allan Poe. Dashiell Hammett pasaba el tiempo leyendo novelas policíacas en la West Lexington Library, y habría acabado los estudios si, tras seis meses en el politécnico, su padre no hubiera enfermado. Le tocó al segundogénito Dashiell, que tenía trece años, ocuparse de la pequeña empresa familiar: eran vendedores ambulantes, puerta a puerta, de pescado. Sin embargo, en 1909, la empresa cierra. Richard, el hermano mayor, se hace funcionario y Dashiell, mientras, entre 1909 y 1915, cambia de trabajo cada año. Fue recadero del ferrocarril, dc la B&O Railroad, y se encargaba de escribir en la pizarra las evoluciones del mercado para los agentes de bolsa Poe & Davies. Perdió su trabajo en la B&O Railroad porque llegó tarde todos los días a lo largo de una misma semana. El jefe le convocó y le dijo que estaba despedido, y Hammett salió tan tranquilo de la oficina. El jefe volvió a llamarle para ofrecerle una segunda oportunidad si prometía no retrasarse más... Imposible, respondió educadamente Hammett. Y un minuto después se había ido definitivamente.

Comenzó a beber y a depender de su familia, que le recriminaba sus amistades —frecuentaba a los comunistas—. No obstante, a los veintiún años, en 1915, Hammett empezó a trabajar para la Pinkerton National Detective Agency de Baltimore. La agencia, creada en 1850, había resuelto algunos casos espectaculares y había incluso desbaratado atentados contra el mismísimo presidente. Su logo era la imagen de un ojo abierto, y su lema: «Nunca dormimos». El buen detective estaba de servicio las veinticuatro horas al día, y no debía ser visto, ni acosar a nadie. Dashiell medía casi dos metros y pesaba setenta y dos kilos, pero no solía despertar sospechas. Su jefe, sin embargo, era un tipo bajo y rechoncho, con un fuerte discurso; fue él quien le adiestró y llegó a ser, en los primeros cuentos de Hammett, Continental Op (Operative era el nombre por el que se conocía a los detectives de la Pinkerton, y el edificio de la sede de Pinkerton en Baltimore —había veinte— se llamaba Continental). El código del detective implicaba el anonimato y la objetividad. Cuanto menos se sabe del detective, menos informaciones se pueden usar contra él. Los agentes eran anónimos y se les designaba por números. En la guía de la ciudad, Hammett se declara en aquellos años «vendedor» o «agente de cambio». Se requiere frialdad para no dejarse liar, lo que siempre resulta muy peligroso cuando de lo que se trata es de lidiar con criminales. La ética se basa principalmente en la lealtad hacia el cliente, y los comportamientos no siempre pueden ser convencionales.

Desgraciadamente, no queda ni uno solo de los informes de Hammett en Baltimore. Se perdieron en un incendio. Y es una pena, porque él se jactaba de su «calidad literaria». Resaltó en sus primeros escritos el hecho de haber cobrado por despedir a una camarera y por asesinar a Frank Little, líder del IWW, International Workers of the World, que fue, efectivamente, linchado en Anaconda, Montana, en 1917.

Su sueldo inicial era de veintiún dólares a la semana. A comienzos de siglo, con el surgimiento de los movimientos obreros, los agentes privados eran también requeridos para funciones antisindicales, para proteger las empresas damnificadas por las huelgas, para hacer pasar a los esquiroles a través de los piquetes, para controlar quién hacía huelga y para otras tareas igual de poco prestigiosas.

En 1918, Hammett se enrola en el ejército por un año, y trabaja como conductor de ambulancias, lo que le trae dos consecuencias: nunca volverá a conducir —tuvo un accidente con una ambulancia cargada de heridos y eso le dejó marcado—, y, en segundo lugar, contrae una bronquitis que lo convertirá en un inválido toda su vida. Es el año de la epidemia de gripe española; los soldados europeos se la contagian a los estadounidenses, y hay cincuenta mil muertos. Hammett tiene dificultades para respirar, y cuando le dan el alta consigue una pensión de invalidez de cincuenta dólares.

Ha perdido nueve kilos, apenas pesa sesenta y tres, pero pretende retomar su viejo trabajo de investigador privado. En la Pinkerton lo readmiten rápidamente, con un sueldo de ciento cinco dólares al mes. Subir apenas un tramo de escaleras le produce fatiga, tose y sufre hemorragias. Al cabo de seis meses, está de nuevo en el hospital. Pero en 1920 se ha recuperado de nuevo, y se traslada a la sede de Pinkerton de Spikane, en el estado de Washington. Se mueve también por Idaho y Montana. Tiempo después contaría que una vez que estaba llevando a un prisionero desde Gilt Edge hasta Lewinston, en Montana, el coche sufrió una avería; era de noche, hacía frío y la autopista estaba desierta. Entonces el prisionero, que hasta entonces se había declarado siempre inocente, se decidió a confesar. También contaría alguna que otra historia sobre el esquirol Blackjack Jerome. Blackjack iba a la ciudad por la mañana, recogía en un carro a los borrachos y, en parejas, los llevaba a las fábricas en huelga junto a los piquetes, donde los abandonaba a su destino durante toda una jornada de trabajo. Por la tarde, sin embargo, volvía a recogerlos. Hammett contaba que en una ocasión, para obtener una información acerca de una congregación de Oregón, la Women's Christian Temperance Union, tuvo que asistir a una conferencia sobre las perniciosas consecuencias sexuales producidas por el humo. Desempeñó también tareas más complicadas, como detenciones. Pero la enfermedad volvió, y Hammett estuvo ingresado en el hospital durante seis meses y medio; lo llamaban Slim, porque pesaba apenas sesenta kilos.

El sanatorio Cushman estaba dirigido por un médico mayor, George Story, que, para tener ocupados a sus pacientes —todos veteranos de guerra—, hacía que se dedicaran a la elaboración de cestos, bordados y fabricación de cintas. No obstante, Hammett siempre sostuvo que las verdaderas ocupaciones de los enfermos eran el póquer y el ligoteo con las enfermeras (él mismo se casaría con una). Había un interno, Snohomish Whitey, que, cuando se sentía mejor, salía con una porra para cometer robos en los alrededores del hospital, y después volvía y se metía en la cama como si nada. A Hammett le subieron la pensión a ochenta dólares, pero tampoco bastaba. Tras el sanatorio, la redujeron de nuevo a la mitad. Hammett volvió a trabajar en la Pinkerton en San Francisco. La metrópolis, con las bandas de Chinatown y el puerto, ofrecía a un detective tareas turbulentas. Una vez que Hammett estaba vigilando a un hombre, fue empujado a un callejón donde apareció un cómplice, que golpeó a Hammett en la cabeza con un ladrillo. Cuenta su mujer que Hammett no quiso ir al hospital, y se quedó en casa, sentado e inmóvil como una piedra. En otra ocasión, cuando se infiltró en una celda de la cárcel de San Francisco para averiguar información acerca de un detenido, volvió lleno de piojos.

Hammett sostiene que tomó parte en casos más prestigiosos. Un estupro, por ejemplo, del cual fue inculpado el famoso actor cómico, Fatty Arbuckle. La Pinkerton se dedicó a desmontar la acusación y a demostrar que le estaban extorsionando. Hammett afirmaba que aquella fue la investigación más divertida en la que había trabajado en su vida. Después, siempre en el invierno de 1921-1922, investigó el robo a la Shapiro Jewel Company de Saint Paul, en Minnesota. Descubrieron al culpable, pero no dónde había metido lo robado, así que retrasaron el arresto para descubrir el botín. Una noche Hammett se subió al techo de una veranda para oír las conversaciones de los ladrones y de sus cómplices, pero el tejado cedió, y Hammett cayó en medio de los malhechores, que le patearon; él se dislocó un tobillo. Todo esto lo contaría en una tira de cómic que Hammett crearía doce años más tarde, titulada *Secret Agent X-9*. Reconocieron al ladrón, y lo siguieron hasta una caja de seguridad donde se hallaba el botín, de modo que lo atraparon con las manos en la masa. El caso del robo de las monedas de oro de Sonoma, un crucero que partía hacia Pago Pago, en Hawái, se resolvió muy pronto; Hammett encontró el oro en las calderas del barco antes de que zarpara, y se quedó en tierra.

Con el invierno volvió la tuberculosis; Hammett pesaba cincuenta y siete kilos y debía llenar de sillas el trayecto entre la cama y el baño, para así poder descansar entre un paso y otro. Pensó entonces en que tendría que buscarse un trabajo más tranquilo, y asistió, durante un año y medio, al Munson's Business College de San Francisco para hacer un curso de taquigrafía y escritura con la intención de convertirse en reportero. Tenía que estar cuatro horas al día de pie; pero, mientras tanto, se dio cuenta de que un trabajo mejor remunerado y más atractivo podía ser el de publicitario. Comenzó de *freelance* a realizar reclamos y diseñar gráficos publicitarios. Una zapatería le compró su primer eslogan, a cambio de un par de zapatos.

Mientras tanto, empezó a escribir. Sus cuentos basados en sus experiencias como detective tuvieron bastante éxito. Como escribió Raymond Chandler, «no sé si Hammett tenía especiales miras artísticas; creo que lo único que pretendía era ganarse la vida escribiendo sobre un tema del que tenía información de primera mano». En efecto, Continental Op, el gordo investigador protagonista durante cinco años de los cuentos duros de Hammett, estaba modelado sobre la figura de Jimmy Wright, el vicesuperintendente jefe de la oficina Pinkerton de Baltimore. En uno de los cuentos, Op ironiza a su vez sobre el modo falso y estandarizado con el que suele representarse al detective: «El responsable de las investigaciones era O'Gar, un sargento con cabeza de bala que vestía como aquellos policías de pueblo que se ven en las películas, pero no debería ser infravalorado por esto» («La décima pista»). En cualquier caso,

Hammett se dio cuenta, cuando tuvo su tercer hijo, de que la literatura no era lo suficientemente lucrativa, y buscó trabajo. Publicó un anuncio en el *San Francisco Chronicle* declarándose preparado para todo y capaz de escribir. El joyero Albert Samuels, que lo conocía por su fama, lo contrató para ser su director publicitario. La Albert Samuels Company era la joyería más antigua de San Francisco, con dos sedes en la ciudad y una tienda en Oakland. Tenía tras de sí toda una tradición de frases publicitarias, y, por ejemplo, se vanagloriaban de ser «la casa de las alianzas que sientan bien»; sostenían que podían tener por clientes «tanto al señor Vanderbilt como a su criada». Hammett trabajaba en una oficina situada encima de la joyería de lunes a sábado, desde las ocho de la mañana hasta las seis de la tarde, por trescientos cincuenta dólares al mes: un cincuenta por ciento más de lo que ganaba como escritor. Tenía una secretaria y todo un equipo dedicado a publicitar la joyería. Solo en el *San Francisco Examiner*, la empresa publicaba ya un anuncio semanal, que ocupaba un tercio de la página; y hasta entonces había sido el propio Samuels quien elegía las trescientas palabras para demostrar las excelencias de sus joyas. Ahora era Hammett quien firmaba frases del tipo: «Joyas de belleza eterna», o ideas como la imagen de un tenedor de plata, sin más comentarios.

Hammett, que tenía ahora un poco de dinero, comenzó a gastarlo liberalmente: en mujeres, ropa, bebida y juego. Su salud se resintió, y Albert Samuels, con pesar, tuvo que firmar ante notario que aceptaba la dimisión de Hammett por enfermedad. Hammett intentó seguir trabajando como publicitario, y teorizó sobre el oficio en cinco artículos que escribió para el *Western Adversiting*, en los que afirmaba: «La publicidad **ES** literatura». Pero, desde 1927, se dedicó definitivamente a sus cuentos, y acabó recalando en Hollywood para llevarlos al celuloide. Al final de 1928, en la guía de San Francisco, donde en años anteriores se había inscrito como «publicitario», se definió por primera vez como «escritor». Estaba creando a Sam Spade, protagonista de *El Halcón maltés*, una criatura sin modelos; era lo que todos los detectives con los que había trabajado habrían querido ser: «Un duro capaz de verse en cualquier situación, capaz de sacar lo mejor de cualquiera, criminales, testigos o clientes».

Tras la guerra, Hammett trabajó un tiempo como profesor de *mistery writing* —escrupulosísimo en las clases, los jueves por la tarde— en la Jefferson School of Social Science. Durante la caza de brujas, fue a la cárcel por ultraje al tribunal, y lo pusieron a trabajar en la biblioteca, pero fue trasladado al Federal Correction Institute en Kentucky, donde se encargaba de limpiar los baños. Le escribió a su hija que estaba muy contento, y que se había propuesto hacer aquello mejor que ningún otro.

JEAN GIONO

«He estado en el banco», contará Jean Giono en *Viaje a Italia*, «no un día o unos meses, sino dieciocho años.» Entró un año antes de acabar la escuela, y lo hizo por su padre, que era zapatero. A los siete u ocho años, Jean Giono salía de su modestísima casa para recoger a su padre en su «laboratorio». La escalera estaba oscura y la lámpara, con su pequeño globo de cristal blanco, temblaba ya al anticipar el miedo a los cuentos que el padre le contaba. Jean-Antoine era un zapatero anárquico, orgulloso, cuyo abuelo había sido un legendario piamontés, zapatero y oficial. Carbonario, conspiró contra el poder, y fue condenado a muerte en ausencia. Acabó enrolado en la Legión Extranjera, curando una epidemia de cólera en Argelia. Esa «enorme novela hablada», que acabará convirtiéndose en *El húsar en el tejado*, engrandecida en las versiones de su madre, planchadora, constituyó la principal educación de Giono. Pero tenía dieciséis años cuando aquel padre suyo tan especial enfermó. «Empezó a entablar misteriosas conversaciones con un personaje invisible para todos los demás», y Giono tuvo que abandonar la escuela para mantener a los suyos. Era 1911. Consiguió un empleo como recadero en la sucursal de Manosque del Comptoir d'Escompte. «Será un joven muy trabajador», reza la nota del inspector que periódicamente verificaba el trabajo de los empleados. De él dependía su presente y su porvenir.

El inspector «era un hombre gordo y barbudo que fumaba cigarrillos y que no ocultaba su desprecio ante la vaga mirada de mis ojos claros». «Me tenía como un excelente empleado, como él mismo reconocía; pero me mantenía siempre sobre la cuerda floja». Lo volvió a ver en 1934, pocos años antes de que muriese; el inspector le pidió que le escribiese una dedicatoria en uno de sus libros. Cinco años antes, Giono había dejado el banco para dedicarse en cuerpo y alma a la escritura. Giono le hizo una dedicatoria afectuosa. Tenía todavía miedo de él, confiesa. El domingo, su día libre, daba largas caminatas por el campo, y cada poco se daba la vuelta hacia Manosque para asegurarse de que el edificio del banco seguía allí, y que no había desaparecido. «Fue el miedo lo que acabó con mi deseo de viajar.»

Con el tiempo, Giono aprendió a disfrutar de las pequeñas alegrías de su oscura oficina, donde a mediodía era necesario encender la luz. Ciertos días de lluvia, mientras estaba caliente en el interior, podía pensar en lo que quisiera. Era una gran suerte tener una silla en la que poder sentarse y ganar veinte francos. Aunque es «pesado a los dieciséis años» tener esa responsabilidad. Pero se trataba de asegurar una vejez a sus madre. Aunque había heredado de su padre una prodigiosa capacidad para soñar, Giono había contraído a lo largo de los años pasados en el banco su «gusto por las raíces». Es ese el motivo por el que cuenta su vida como bancario en el comienzo de *Viaje a Italia*, diario del que es, prácticamente a los cincuenta y seis años, su primer viaje al extranjero.

Hizo una modesta carrera en la banca: fue promocionado a empleado, y entre un cliente y otro leía y escribía, sin equivocarse nunca en las cuentas. Un día fue a buscarlo a Manosque André Gide. Gide era la eminencia gris de la editorial N.R.F. (después Gallimard), que diseñó la cultura francesa del siglo XX. De hecho, cuando los nazis ocuparon Francia, anotaron que la cuarta persona más importante del país era el director de la N.R.F. En 1928 Gide había leído en una revista una novela de Giono, *Colline*, y aún no se había recuperado de la emoción. En París hablaba con todos de él, y, tratando de encontrar a aquel genio desconocido, fue hasta lo más recóndito de la Provenza a buscarle. En Manosque, llamó a la puerta de Giono. Abrió una viejecita con un pañuelo negro en la cabeza. Jean estaba en el banco, le dijo al forastero. En cualquier caso, la mujer lo acomodó y se fue en zapatillas a avisar a su hijo. Jean Giono estaba trabajando. Cuando acabe, voy, mandó decir al visitante. Y se ve que, al contar el episodio muchos años después, aún no había madurado la idea de que habría podido salir por la puerta y precipitarse en busca de Gide. Acabó su jornada y llegó a casa. Gide, durante la espera, había estudiado la biblioteca de Giono. «No están mis libros», observó. «Ah, no. Son demasiado caros», dijo Giono, mostrando lo evidente. Él se podía permitir solo los clásicos baratos, que se vendían a noventa y cinco céntimos: Eurípides, Aristófanes, Corneille, Shakespeare, Diderot... Gide vio que no había ironía en Giono, y no se ofendió; ni siquiera cuando Giono, un día, le dijo que concebía la literatura como el narrador árabe que se sienta en el suelo, pone las manos en forma de loto, y comienza a contar: si la historia es interesante, los paseantes se acercan y le dan un óbolo. «Si hiciera eso, yo me moriría de hambre», fue el comentario de Gide.

Giono dejó la banca, se volvió famoso y publicó en Gallimard. Cuando evocaba «la imprudencia» de haber dejado el trabajo, decía: «Cuando conseguí la libertad, ¡cuántas cosas no habré puesto en el lugar de aquel fumador de cigarrillos! Ha pasado de todo».

Jacques Prévert

«No he sido cura en Saint-Sulpice, ni policía», decía Prévert. En 1915 Jacques Prévert trabajaba en un bazar de la rue de Rennes, en París. En 1916 hizo progresos: fue contratado por los grandes almacenes Bon Marché como empleado auxiliar, con un sueldo de siete francos y medio al día, aunque «sin comidas». El diseño del Bon Marché había sido encargado, por expreso deseo del propietario Aristide Boucicot, a Gustave Eiffel. Allí regían unas reglas enormemente rígidas para la contratación del personal. Por la penuria que atravesaba el país a causa de la guerra, había un inspector encargado de reunir toda la información posible sobre los aspirantes; en el caso de Prévert, causó una buena impresión el que viviese todavía con su familia y en el barrio, en la rue du Vieux Colombier. El inspector fue a la escuela de Prévert, el Instituto André Hamon de la rue d'Assas, donde el director declaró recordar muy bien al muchacho, buen alumno, inteligente, serio, ¡y siempre muy preocupado por la salud de su pobre madre! Prévert tenía todos los números para convertirse, en un breve lapso de tiempo, en ayudante del jefe de reparto. Pero la perspectiva le fue arrebatada rápidamente por un superior ya tras la primera semana. Prévert, que se las ingeniaba para ganar algún dinero, se hacía pasar por *gigoló* y se enamoraba de las empleadas. Una tal señorita Maginot se hacía acompañar a su casa, situada en el lejanísimo distrito XVII. Él la asustaba hablándole de un colega del reparto de joyería, al que habían despedido por sus «costumbres contra natura», y que se había vengado: ajustó todos los relojes de péndulo de la joyería y todos los despertadores a la misma hora, y el follón que se montó fue tan formidable que los clientes pensaron que se trataba de la alarma y huyeron asustadísimos.

Quien salió perdiendo fue la señorita Maginot, aunque fuese Prévert quien practicase un aprovisionamiento personal de los objetos en venta, simplemente cambiando las etiquetas y enviándoselas a casa. En agosto de 1916, un inspector fue a buscar a la Maginot, que se ausentaba de forma injustificada. Su padre, enojado, declaró que no había vuelto a enviar a su hija al trabajo por miedo a que aumentase sobre ella la perniciosa influencia del señor Prévert. Cuando el inspector le comunicó que estaba despedido sin preaviso ni motivos, Prévert fue a pedir explicaciones al administrador, el señor Devens, que simplemente le ordenó que abandonara el 106 de la rue du Bac. Sin embargo, Prévert volvió a su reparto, mientas planeaba también él su propia venganza. Un vigilante se encargó entonces de llamar a la policía. No obstante, el joven Prévert ya estaba preparado: lentísimamente, y siempre a petición del inspector, abandonó el edificio cuando el agente se situó delante de él. «Despedido el 14 de agosto de 1916», está escrito en el informe, «por retrasos y conducta insatisfactoria.

Persona desagradable. Que no vuelva.» Prévert tenía dieciséis años, y no olvidó nunca aquellos primeros sentimientos de la adolescencia, que fueron un tesoro en su poesía durante toda la vida.

En 1917, Prévert vivió «de expedientes». «No he desempeñado trabajos de todo tipo, como se dice. He hecho lo menos posible. No duraba en ningún trabajo. Durante la adolescencia, no conseguía acostumbrarme a ninguno. Algunos me gustaban un poco más que otros, pero eran los inconfesables. ¿Robar en tiempo de guerra es un oficio? La verdad es que el término 'delincuencia juvenil' no había sido inventado todavía. Como la de la Inmaculada Concepción, la virginidad de mi ficha penal es todavía un misterio para mí.»

Antoine de Saint-Exupéry

«¿Escritor yo? Me lo pregunto. Mi verdadero trabajo consiste en pilotar aviones.» Pionero de los vuelos trasatlánticos y del vuelo nocturno, Saint-Exupéry es «una página de la leyenda de la aviación francesa». Ingresó en la Academia Naval, pero tras tres años de estudios suspendió la prueba final, por la composición en francés, que dejó en blanco. Tenía veinte años, y se matriculó en Arquitectura en la escuela de Bellas Artes, en París. Se hospedó en casa de una prima, en un apartamento histórico. Pero por lo demás vivía con muchas restricciones, porque, aunque sus antepasados eran condes desde el siglo XIII, su madre, viuda y con cinco hijos, no podía ayudarlo económicamente. Por eso, Antoine no tuvo más remedio que desempeñar pequeños trabajos ocasionales. Con un amigo fue comparsa en la ópera de Jean Noguès *Quo Vadis?*: hacía de mártir cristiano, y su amigo, que iba de soldado romano, le pinchaba con una lanza de madera.

Estalló la guerra y Antoine, que, por lo demás, no tenía muchas ganas, interrumpió sus estudios de arquitectura. Reclutado por el ejército en 1921, Saint-Exupéry entró en el cuerpo de aviadores, arma que la guerra había aureolado de un gran prestigio (los pocos restaurantes que permanecían abiertos en París durante el conflicto tenían salidas secretas para los aviadores, a fin de protegerles del entusiasmo de las masas). Y era un arma tan reciente que no tenía ni siquiera uniforme. En las revistas, gorra y trajes variaban de color desde el gris oscuro hasta el azul horizonte. Saint-Exupéry era casi un niño cuando recibió su bautismo aéreo. Su familia, en Le Mans, asistió a los primeros vuelos en Francia de Wilbur Wright que, al principio, eran de once minutos cronometrados. En el verano de 1912 —Antoine tenía doce años— junto al castillo donde pasó su infancia, en Saint-Maurice de Rémens, había un campo de aviación gestionado por dos pioneros de origen polaco, Pierre y Gabriel Wroblewski-Salvez. «Mi madre me ha dado permiso», dijo cuando se presentó a Gabriel Salvez; le colocaron en la cabina, en el lugar del técnico, que lo vio bajar, tras el vuelo, «iluminado» de felicidad.

Pero, como recluta, Saint-Exupéry fue destinado a trabajos mecánicos y al control de los aparatos. Para poder volar, debía conseguir destino en una base de Marruecos. Decidió convertirse en piloto militar, y partió hacia Casablanca: un paisaje de «cactus tristes», en la base, y un espléndido adiestramiento. «¿Quién es ese loco?», preguntó un capitán, viendo un biplano Bréguet 14 hacer enormes *loopings* a una altura de 400 metros (se hacen normalmente a 2000). «Un alumno, el cabo Saint-Exupéry», le respondieron. Fue allí donde Saint-Exupéry comenzó a dibujar a sus compañeros del 37º Regimiento de Aviación en claroscuros llenos de aburrimiento y de sentimiento: oficiales con casco y gafas, mecánicos pensativos fumando en pipa, o en los cuadros en que retrataba la barraca-dormitorio, vacía. Escribió a su madre para decirle que era pintor: «No sé qué me ha pasado: dibujo todo el día. Ahora ya sé para qué estoy hecho». Dibujaba constantemente, pero no convirtió esa afición en una profesión. Sin embargo, los títeres infantiles y los borrones que iba dejando abandonados por todas partes, incluidas las servilletas del restaurante del cuartel, acabarían convirtiéndose en el principito más famoso del siglo XX, y en el libro más leído en el mundo después de la Biblia.

A los veintiún años, Saint-Exupéry obtuvo el título de piloto. Algunos pequeños imprevistos animaron el curso de adiestramiento en reconocimiento aéreo: cierto día perdió las gafas y no vio nada a causa del viento que le flagelaba los ojos; en otra ocasión se le cayó el lápiz, y no pudo dibujar los cambios. En definitiva, estaba listo para su destino de aviador, cuando entró en escena «Loulou». Louise de Vilmorin era una muchacha alta, de voz profunda, fascinante y ligera, que se ennoviaba a semanas alternas: «Te querré toda la vida, esta noche», decía. Para Orson Welles, para Malraux y para tantos otros fue «una enfermedad». Saint-Exupéry se tomó en serio su «noviazgo para reír» con Louise. E incluso seis años después le regaló el manuscrito de *Correo del sur*, la novela de aquel amor trenzado con la epopeya de los monoplanos, cuando, para ver mejor, el piloto solía sacar la cabeza por el parabrisas, y el altímetro se llevaba a menudo colgado del cuello, para aislarlo de las vibraciones del motor. Ella vendió el manuscrito, como había hecho, rápidamente, con el anillo que él le había regalado.

Los Vilmorin eran una antigua familia enriquecida con los cereales (eran jardineros del rey Sol). Quedaron aturdidos y consternados cuando Louise aceptó que le cortejara aquel pobre aviador que tenía esa tímida cara de *bulldog*. Ella le impuso que renunciara a una carrera peligrosa y confinada en guarniciones solitarias, y un ministro amigo de la familia le buscó un puesto como «controlador de fabricación» en una factoría de azulejos. La ubicación era buena, Faubourg Saint-Honoré 56, junto al Elíseo, pero el trabajo consistía en hacer sumas todo el día en el interior de una oficina de dos metros por dos, mirando la lluvia caer tras las ventanas. Saint-Exupéry no se atrevía ya a sestear desde el día en que su jefe entró en la oficina y él se despertó de golpe gritando: «¡Mamá!». El sueldo era modestísimo, y prefería pulírselo el primer día invitando a los amigos en el restaurante Prunier a caviar y champán. Pero la aviación no se le iba de la cabeza, y tampoco Loulou. Un día fue a buscarla, pero no estaba. Se había marchado sin decir palabra. Luego supo que se había escapado a Biarritz. Era el final. Saint-Exupéry lo pasó muy mal, pero afortunadamente pudo cambiar de trabajo.

Se empleó entonces como representante de un artículo de lo más particular: tenía que vender camiones de la marca Saurer. Para conocer el producto, asistió a un curso de mecánica durante dos meses. Saint-Exupéry, que, como verdadero aviador que era, de los originarios, adoraba los motores, se divertía con los mecánicos, y escribía a sus amigos aristócratas: «Estoy capacitado para desmontar completamente tu Citroën si quiero». Viajó después por toda Francia: pequeños albergues, teatros de provincia en los cuales los actores hablaban con sus familiares presentes en la sala, «dancings» con hombres de esmoquin y madres vigilando a sus hijas… En quince meses vendió solo un camión. Pero al menos logró que le publicaran un relato sobre sus vuelos acrobáticos («El aviador») en una pequeña y prestigiosísima revista, *Le Navire d'argent*, dirigida por Adrienne Monnier, la editora de Joyce. Por eso, cuando Antoine fue despedido de aquel trabajo que le sentaba «como a un santo dos pistolas», lo volvió a intentar de nuevo con la aviación.

Lo ayudó su maestro del colegio, que era abad. El *abbé* Sidour, en las terribles trincheras de la Gran Guerra, había conocido a un aviador italiano, Beppo de Massimi, que, con la paz, se había convertido en director de una compañía aérea, de hecho la más antigua línea aérea del mundo, la Compañía Latécoère, con sede en Toulouse. Comenzaba así la aventura de Saint-Exupéry como aviador postal.

Pierre Latécoère hizo fortuna fabricando obuses durante la guerra y, en 1917, alumbró los biplanos Salmson. En París trabó amistad con otro bibliófilo apasionado, Beppo de Massimi, napolitano y héroe de la aviación. Latécoère, que tenía un defecto en la vista, llevaba unos sempiternos quevedos y nunca pudo volar. Fue artillero, pero produjo para la aviación bélica seiscientos aviones. Ambos se encontraban de vez en cuando en las librerías de la Rive Gauche, como la que regentaba Adrienne Monnier. La paz preocupaba a Latécoère, y se le ocurrió convertir su empresa en compañía postal aérea. Por entonces se viajaba a cabina descubierta. Los pasajeros sufrían vértigos, síntomas de congelación, vómitos, y el emprendedor asumía un gran riesgo financiero. Los sacos del correo, sin embargo, eran pasajeros inofensivos y, si eran transportados por aviadores con oficio, llegarían a su destino —Latécoère pensaba en África, en una línea que conectase Toulouse con Rabat— en mucho menos tiempo. Una carta a África tardaba entonces, en tren o en barco, una media de once días; en avión, el viaje se reducía a trece horas de vuelo hasta Casablanca (los Salmson volaban a 140 kilómetros por hora), más nueve horas para el repostaje y un descanso nocturno en Alicante. Para su temerario proyecto, Latécoère obtuvo algunas subvenciones —desembarcando en Rabat con un ramo de violetas recogidas en Toulouse— y el permiso de aterrizaje en Barcelona, Alicante y Málaga. En los primeros quince meses, cayeron seis pilotos. Se producía de media una avería del motor cada 20 000 kilómetros, y a veces se dependía de las palomas mensajeras para las entregas.

Cuando Saint-Exupéry llegó a la base aérea de Montraudan, en Toulouse, al principio fue el encargado de revisar los motores. Pero pronto llegó el día de partir con una carga de correo hacia Casablanca. Se volaba a la vista, siguiendo primero la línea de los raíles de la vía férrea Toulouse-Narbona (muy atentos para tomar altura cuando había un túnel o una montaña). Ya en los Pirineos, si el tiempo era bueno, se pasaba por el Col du Perthus. Pero si había niebla, no tenían más remedio que seguir la Costa Brava hasta Barcelona, donde había playas en las que, en caso de necesidad, se podía aterrizar fácilmente. Entre Valencia y Alicante, era necesario superar el macizo de la Carrasqueta, para lo cual resultaba fundamental conocer cada pequeña particularidad del terreno. La noche antes de su primer vuelo aeropostal, Saint-Exupéry fue a recibir los últimos consejos de Henri Guillaumet, *recordman* de las travesías postales de la cordillera andina. Saint-Exupéry desplegó las cartas topográficas, y Guillaumet, «irradiando confianza como una lámpara irradia luz», le recomendó que se protegiera de tres campos de naranjos que había junto a Guadix, y de una corriente traidora que soplaba junto a Motril, más importante incluso que la masa rocosa de Sierra Nevada. En aquella época los aterrizajes de emergencia resultaban arriesgados. Eran obstáculos que, en aquellos años en los que no existían todavía vistas aéreas, se señalaban de manera personal. Los consejos de aquella noche acabaron sobre los mapas Michelin de los años 20 de Saint-Exupéry, que todavía se pueden ver, muy emocionantes, en su primera novela, *Correo del sur*.

En Rabat, tras un aterrizaje de emergencia, Saint-Exupéry salió indemne del avión, que quedó totalmente destruido. Otra vez, atrapado en una corriente descendente, fue aplastado «como una tortilla» mientras las montañas se alzaban, por encima de él, amenazantes. Cinco veces se le rompió el asiento. Después fue enviado a Dakar, donde el mayor peligro, en caso de aterrizaje de emergencia, consistía en caer en manos de los moros. A él le cupo el deber de aterrizar en el río Senegal, junto a un pueblo en el que jamás habían visto a un hombre blanco. Los bereberes probaron, alucinados, el tarrito de mermelada que Saint-Exupéry les entregó como regalo, y, en agradecimiento, dos indígenas lo devolvieron a caballo a la civilización.

Cuando se daba un avión por desaparecido, la costumbre era ir en busca de los compañeros perdidos; en *Tierra de hombres* encontramos un relato de estas emocionantes expediciones. Una vez se necesitaron cuatro meses de negociaciones para conseguir la liberación de dos aviadores retenidos por los moros, que pedían a cambio un millón de camellos.

Un día en que se le habían caído en vuelo sus gafas negras, Antoine estaba casi cegado por el sol del Sáhara cuando recibió la noticia de que había sido trasladado a América del Sur. Volvió a Francia con el manuscrito de *Correo del sur* bajo el brazo. Había escrito el libro por las noches, procurando tener siempre cerrado el tintero para que no se llenase de arena. El título procedía de un texto que había anotado en un paquete postal directo a Dakar. La novela fue inmediatamente aceptada por Gallimard. El amor de la Vilmorin («debéis restituirle su vida, su casa, todos los álamos de la calle») y, sobre todo, la aventura del Aeropostal, hicieron que Saint-Exupéry se convirtiera de repente en una celebridad.

Mientras tanto, comenzó la moda de los vueltos transoceánicos. Latécoère inauguró la línea de América del Sur. Eran vuelos de veinte horas, también, en parte, nocturnos. El servicio de la Patagonia fue inaugurado por Saint-Exupéry. En enero de 1930 pilotó su avión hasta Tierra del Fuego. Para evitar que el agua de los radiadores se congelase, era necesario añadir un veinte por ciento de alcohol y un veinticinco por ciento de glicerina. El viento era el peor enemigo. Todo ello lo relató en *Wind, Sand and Stars*, el libro americano de Saint-Exupéry. En una ocasión, se tuvieron que movilizar ciento veinte soldados para empujar, ya en el hangar, su Lathé 25 contra el viento.

Vuelo nocturno, su segunda novela, un poema al silencio estrellado y al nuevo heroísmo de los vuelos nocturnos, ganó el Premio Femina en 1931. Saint-Exupéry consiguió que le dieran permiso para ir a recogerlo, y se presentó, tras un vuelo de veinte horas seguidas, con barba de tres días y la cara negra por los residuos del tubo de escape. Llevaba alpargatas y un traje directamente sobre la piel, sin camisa. Aquella fue su consagración. Pero casi al mismo tiempo llegó su ruina. En Sudamérica, con la crisis del banco que financiaba la empresa, Aeropostal quebró. Saint-Exupéry intentó ganar el raid entre Nueva York y Tierra del Fuego, pero sufriría el percance más grave de su vida. Lo contaría después en *Tierra de hombres* («la tierra nos enseña más cosas sobre nosotros mismos que cualquier libro»): allí narra cómo caminó durante días por el desierto, sin agua, asaltado por pavorosos espejismos. Del desastre nacerá, en 1943, la figura del aviador varado en el desierto, siempre nervioso con sus tornillos, que se topa con el Principito, ese personaje dotado de toda la seriedad de la infancia, pero ya minado por la soledad, que Saint-Exupéry creará en Nueva York y que encarnará la fábula más bella de la literatura del siglo XX.

Tenía cuarenta años —demasiado viejo para ser piloto— cuando estalló la guerra. Aun así, se enroló en las brigadas de reconocimiento, experiencia que plasmó en *Piloto en guerra*. Tras el armisticio, recaló en América. El 10 de abril de 1943, coincidiendo con su vuelta al servicio en la Unidad de Aviones de Reconocimiento para el norte de África, Saint-Exupéry lleva un uniforme teatral del Metropolitan de Nueva York. Trece meses después, sin embargo, el 31 de julio de 1944, mientras hace los últimos preparativos para partir hacia su último vuelo, el uniforme reglamentario le parece muy sofocante. No obstante, sabe que a cinco mil metros el sudor se hiela, y que probablemente allí arriba se reencuentre con el invierno. La torre de control era una simple tienda, en Borgo Poretta, un campo junto a Bastia. «May I take off?», pregunta, con su pésimo inglés. «Over», responde la voz de un americano. El Lockheed P-38 Lightening vira hacia Francia, mientras el Elba salía del mar. Los restos de su avión fueron recuperados en 2004, en el golfo de Marsella.

André Malraux

No se nace ministro. Malraux, para poder estudiar, compraba libros viejos en los puestos de los *bouquinistes,* que los venden en cajones de madera fijados a los pasamanos a lo largo del Sena, y después los revendía a un librero anticuario. Y, como los más buscados eran las obritas eróticas ilustradas y los volúmenes de arte, comenzó a educar sus ojos en las imágenes. Así, cuando el método de la mujer rica fracasó, Malraux pensó, para hacer dinero, en las bellas artes.

Clara pertenecía a una adinerada familia judía, los Goldschmidt, pero la dote, empeñada en las minas de México, desapareció junto a Pancho Villa. Era 1923, y Malraux decidió ir entonces a robar estatuas jemeres a Camboya.

Quien inició a Malraux en el arte thai fue uno de los primeros comparatistas, Alfred Samony, especialista en escultura de Siam. Su gusto por *La voie royale* —el Camino del Rey que dará título a una famosa novela de Malraux: el camino flanqueado por templos que va desde Siam a Camboya a través de la cadena montañosa de Dong Rak hasta Angkor— se complementó más tarde con las visitas al Museo Guimet de Artes Orientales, y con las revistas de la École Française del Extremo Oriente (Indochina era por entonces colonia francesa). En el *Bulletin* de la École, Malraux leyó un artículo de Henri Parmentier sobre el arte jemer durante el reinado de Indravarman. Hablaba del minúsculo templo de Banteay Srei, la Ciudad de las Mujeres, perdido en la selva camboyana, lejos de la prodigiosa colección de Angkor. Descubierto por el lugarteniente Marek, Parmentier lo halló en 1916 en un estado deplorable. El *Inventario descriptivo de los monumentos de Camboya*, de 1902, reseñaba doscientos noventa puntos de interés. Naturalmente, era necesario evitar los más conocidos, que eran intocables. Pero el templo citado y fotografiado por Parmentier no estaba bajo tutela. En Londres y en Nueva York, se informó Malraux, una estatuilla de veinticinco centímetros se vendía a treinta mil francos; una escultura de diosa danzante, una apsara, a doscientos mil. El (inteligentísimo) marchante de arte Kahnweiler tenía ya a un coleccionista americano interesado, y pagó a Malraux, a cambio de la mediación por la adquisición de una tela de Le Nain, los dieciocho mil francos que necesitaba para la expedición arqueológica.

El conservador del Museo Guimet, Joseph Hackin, sentía simpatía por Malraux. Le dio cartas de recomendación para el ministro de las colonias. El 23 de diciembre de 1923, una comisión de siete miembros autorizó por unanimidad la expedición arqueológica. Estaban muy asombrados por la juventud de Malraux, que tenía veintidós años. Un funcionario firmó una autorización por si necesitaban usar carros tirados por búfalos. Malraux partió con cartas de recomendación para Louis Finot, que dirigía la École Française del Extremo Oriente en Hanoi. Solo la estación de las lluvias pudo retrasar la salida, pero el 13 de octubre, vestido con un perfecto traje beige de explorador, Malraux se embarcó en primera clase en el *Angkor* junto a Clara.

Un fiel amigo de la infancia, Louis Chevasson (era hijo de un droguero, y Clara lo apodaba «el pálido»), le siguió a bordo de otro barco, en segunda. Yibuti, Singapur (donde los viajeros pudieron admirar los primeros juncos chinos), el delta del Mekong, la Conchinchina, el golfo de Tonkín, Hanói. Aquí le ponen en guardia: dos encargados de una misión parecida nunca han vuelto. El jefe de la sección arqueológica de la École Française se propone acompañar al trío a Phnom Penh, y se revela utilísimo: aconseja sobre lo que se necesita para atravesar la selva, y contrata a un empleado vietnamita llamado Xa. Pero ¿por qué gastan cien piastras en comprar cuerdas y piquetas?

La selva es densísima. Se requieren dos días para cubrir cincuenta kilómetros. Al acercarse a la ciudad, Xa y los porteadores locales se detienen. Dejan avanzar solos a los blancos. Clara vigila; Malraux y Chevasson, desnudos hasta la cintura, atacan por la vegetación la pequeña joya, con tres torres cinceladas en un gres rosa durísimo.

Las construcciones jemeres están incrustadas. No usan cemento, y la sierra no sirve. Con el cincel, Malraux y Chevasson obtienen fragmentos y bajorrelieves de finales del siglo X: un asceta bramánico sentado a la javanesa, las apsaras, las bailarinas celestes, un personaje con máscara demoniaca. Siete fragmentos en total, que el 22 de diciembre son cargados en un barco a vapor. Malraux habla sobre las distracciones de la Navidad. Pero el Residente Superior de Camboya, Helgoualc'h, ordena detener a los fugitivos. El jefe de la policía requisa el cargamento, y deposita las obras de arte en el museo de Phnom Pehn. El 1 de enero de 1924, Malraux y Chevasson son acusados de robo y mutilación de monumentos públicos. El botín, es el parecer de los expertos, ha sido obtenido con una impericia propia de novatos. Desde París, se reconstruye la relación epistolar con una anticuaria de la elegante rue de Provence, madame Simon, que aseguraba los contactos con coleccionistas americanos.

Chevasson asume toda la culpa, pero en el juicio se sospecha de Malraux, que se ha casado con «una judía de origen austriaco», frecuenta a Kahnweiler, «expatriado alemán» —y el mayor marchante de arte de París—, y, además, escribe en revistas «dada-bolchevique-marxistas». Pero he aquí que la justicia colonial es muy laxa, y los tres deben únicamente «quedar a disposición de las autoridades» en el Grand Hôtel que se asoma al río. Mientras tanto, la campaña de los periódicos de Indochina contra los «vándalos» es violenta. Clara, para obtener su permiso de regreso, simula un suicidio, pero se equivoca con la dosis de Veronal y acaba hospitalizado. Pesa solo treinta y seis kilos, pero el juez no se apiada. Al final, es el jefe médico del hospital quien obtiene el permiso para Clara, y el 16 de julio el proceso se celebra solo con los dos hombres. Malraux se declara inocente, aunque su declaración es de lo más provocadora: «pasaba por allí», y recogió algunos bajorrelieves «ya desprendidos», salvándolos prácticamente de la destrucción. Su alegato es brillantísimo; «hizo un curso de historia del arte», comenta el *Echo du Cambodge*. Aun así, es condenado a tres años de prisión. En París, mientras tanto, Clara moviliza a los intelectuales, que, de Gide a Mauriac, pasando por el surrealista Breton y los editores de Gallimard, firman manifiestos y cartas de protesta. Los periódicos, en Conchichina, continúan pidiendo el pellejo de Malraux. El 28 de octubre, en la apelación, la pena se reduce a un año con la condicional. El 1 de noviembre los dos amigos se embarcan en el *Chantilly*, llevando consigo algunas piezas —otras piezas, obviamente— de arte jemer. Al año siguiente comenzaba, bajo el asesoramiento de Parmentier, la restauración del templo que, entretanto, había ganado mucha notoriedad, y en 1936 volvería a su primitivo esplendor. Malraux, a los veintitrés años, adquiere fama de gran conocedor de arte. Solo en 1930 —después de haber participado en la guerra civil china de 1927-1928— novelaría las peripecias de la aventura indochina. «Cada aventurero nace de un mitómano», resume Malraux en *La voie royale*, que habla del arqueólogo Vannec que sale a descubrir templos perdidos en Camboya; en el barco encuentra a un aventurero internacionalista, Perken, que quiere encontrar a un compañero secuestrado por una tribu. Los paisajes son espléndidos, la historia emocionante. Clara nunca perdonó a su marido esta novela, en la que ella ni siquiera aparece.

En la primavera de 1931, la situación económica de la pareja no ha mejorado. Cuenta Malaparte que, recién llegado a París, está caminando con un conocido, Daniel Halévy, que quiere presentarle a algunos amigos intelectuales. Al llegar a la Île Saint-Louis, Malaparte se detiene para comprar cigarrillos en un estanco, cuando un taxi se acerca. Baja un joven alto y flaco, con pequeñas manchas rojas en la cara; con decisión le pide a Malaparte veinte francos. Los coge, se los da al taxista, se guarda en el bolsillo el resto y, sin decir una palabra más, se aleja. Malaparte asiste a la escena entre asombrado y divertido (ha recibido recientemente una cuantiosa liquidación de la *Stampa*). Va a comprar sus cigarrillos y regresa con su amigo. En el salón, el dueño de la casa le presenta a sus invitados: «*Et voici Malraux*», este es Malraux, le dice. Y no es otro que el joven de las manchas rojas en la cara. Malraux se muestra muy educado, le hace preguntas con su famosa elocuencia nerviosa, desigual pero «sin fisuras»; «nunca habla de forma directa», decían de él. También se podía abrir incidentalmente a velocidad vertiginosa, y después intercalar pequeños silencios como guiones. Sin embargo, no hizo ninguna referencia a los veinte francos.

En 1936, Malraux se alistó en las brigadas internacionales en apoyo de los republicanos españoles. Fue herido, y publicó su novela *La esperanza*, que se vendió bien (aunque siempre estaba en deuda con el editor). Decidió hacer una película sobre la Guerra Civil en España, aun cuando los suyos iban perdiendo. Le ayudaba Max Aub, el escritor. *Sierra de Teruel* es una película emocionante, aunque las últimas dos escenas no pudieron ser rodadas a causa de la llegada de las tropas franquistas. Al estilo de las películas mudas, la historia es contada mediante rótulos. Pétain, al que han enviado como embajador ante Franco, pide al presidente del Gobierno francés, Edouard Daladier, que prohíba la exhibición de la película. Prohibida, la película se convierte en leyenda.

En la Segunda Guerra Mundial, Malraux, como jefe de la Brigada Alsacia-Lorena, y conocido en la Resistencia con el nombre de «coronel Berger», despierta el interés de De Gaulle: es, para su gobierno provisional, una garantía para la izquierda. En agosto de 1945, el teléfono suena. Una voz oficial anuncia: «El General le pregunta, en nombre de Francia, si quiere ayudarle». Malraux, que una vez había definido a De Gaulle como «un fascista», acepta. La leyenda del primer encuentro, que se celebró el 5 o el 6 de agosto de 1945 —días antes de que cayera la bomba de Nagasaki—, y que duró media hora, quiere que De Gaulle acabe su discurso con la frase *«D'abord, le passé»*: la recuperación de la memoria es la primera de las tareas urgentes a las que se enfrenta la nueva Francia. Malraux es nombrado consejero técnico de Cultura, y descubre que le apasiona la política cultural, pero también la investigación y la modernización de la Instrucción Pública. El 21 de noviembre le proponen asumir el Ministerio de Información. Gana con sus libros un porcentaje del veinte por ciento, pero la verdad es que ni siquiera le llega con su sueldo de ministro —500 000 francos, y 100 000 de gastos de representación al año—, cuando un cartero cobra 97 000.

El leal Louis Chevasson sigue aún a su lado; respaldado por Beuret, convocado por el editor Gallimard porque compartieron presidio, recuerdan el Stalag en que estuvieron presos, en Pomerania. Beuret, que trabaja por la mañana con el Malraux escritor y por la tarde con el Malraux ministro, conserva su peluquería: «Son buenos estos señores (los ministros, los editores), pero nunca se sabe».

De hecho, esa dualidad dura poco. No obstante, en 1958, con la crisis de Argelia, De Gaulle vuelve a reclamarle, y Malraux acude de nuevo. Trabajar entre los ujieres engalanados del ministerio enturbia el trabajo de escritura. Se trataba normalmente de trabajos de estética y de filosofía del arte: *Las voces del silencio*, *El museo imaginario de la escultura mundial*, o la *Psicología del arte*. «Intento trabajar de noche», se lamenta. «Y ahora le nombran ministro», le dijo Nehru en el primer encuentro oficial que tuvieron, en Nueva Delhi; y quería decir: es su última reencarnación. Se habían encontrado en España. Malraux estaba herido, y salía del hospital; Nehru salía de prisión. Malraux, el ministro-escritor, irradia cultura y no olvida el mundo «lleno de cicatrices» sobre el que ha escrito. Y entonces mete la pata: declara que, si hubiese sido un joven argelino, habría estado entre los rebeldes. En aquel momento le cambian de tarea; debe ocuparse «de la expansión y del influjo de la cultura francesa». Pero él seguía pensando de De Gaulle: «El problema con él es que nunca ha comido con un fontanero».

GEORGE ORWELL

En julio de 1920, vestido con frac y chaleco, George Orwell —que se llamaba Eric Blair— asistió al partido de críquet Eton-Harrow. Hizo una crónica para una edición especial de *College Days*, y se ganó así sus primeras ochenta y seis libras. Los compañeros de Eton sostienen que en esa época parecía un hámster, pero con unos interesantes ojos de un «azul pálido porcelana». En cualquier caso, el *college* le otorgó para siempre las maneras de las clases privilegiadas, aunque no adquiriera nunca los matices de Oxford —como advirtió en su tiempo el escritor Anthony Powell—, puesto que no quería ir a la universidad y prefería seguir la tradición familiar.

De hecho, nació en Bengala ya que su padre prestaba servicio en el Ministerio del Opio de la Administración india (el comercio del opio era, desde 1860 y siempre bajo monopolio gubernativo, legal). Para entrar en la policía imperial india, hasta un estudiante de Eton necesitaba concluir seis meses de duros cursos para poder superar con éxito los numerosos exámenes requeridos por la India Office. Orwell quedó séptimo en los ejercicios escritos, pero cayó hasta el puesto veintitrés tras la prueba de equitación. Entre los destinos preseleccionados, eligió en primer lugar Birmania, donde no había mucha competencia, y su petición fue atendida. El 27 de octubre de 1922, a los diecinueve años, Orwell partió hacia Rangún. La motonave estaba pilotada por cuatro timoneles europeos que se alternaban en la conducción. Una noche, Orwell salió del comedor antes de la hora habitual, y vio a uno de los timoneles «que corría como un ratón junto a la cabina de cubierta» con un pastel de crema medio espachurrado que había cogido de los restos de la mesa, «escondido entre sus monstruosas manos». Fue un descubrimiento sorprendente, del cual escribiría veinte años después: un trabajador altamente especializado estaba robando las sobras de comida de su mesa. En Colombo, se le refrescó la memoria de lo que era el racismo colonial. El barco atracaba, y para descargar las maletas apareció el habitual enjambre de culis, la mano de obra india. Un portero trasladaba un largo portauniformes de metal, y lo hacía tan mal que estaba poniendo en peligro las cabezas de los pasajeros. Uno de los policías, que estaba vigilando las operaciones, le dio «una brutal patada en el culo, que lo expidió bamboleante a la otra parte del puente».

En noviembre, Orwell se encontraba en Rangún, y desde allí se disponía a tomar el tren hacia Mandalay. Eran dieciséis horas de viaje hacia el norte y hacia la Escuela de Adiestramiento de la Policía de Distrito Birmana. Los Assistant Superintendents of Police, ayudantes del comisario de policía, debían adiestrar a los subinspectores, que eran sobre todo birmanos diplomados. Orwell, reservado, casi sospechoso, porque por la noche se quedaba en la habitación leyendo —cuando el acuartelamiento de Mandalay contaba con uno de los mejores círculos recreativos de la zona— les pareció rápidamente a todos un excéntrico; era altísimo, y «la ropa», como afirma Roger Beadon, un colega inglés, «le quedaba siempre un poco pegada al cuerpo». Por la mañana, mientras todos debían tomar clases de derecho, de birmano y de indostaní, Orwell se quedaba en la habitación, probablemente leyendo; pero al final era capaz de conversar en los templos con los sacerdotes, los hpongyi, en un birmano muy florido.

Birmania sufría por no poder disfrutar de los mismos limitados privilegios políticos que la India. Por esa razón se boicoteaban los productos ingleses, y los jóvenes monjes budistas paseaban armados de cañas con las que pinchaban a quienes se saltaban el boicot. Los miembros de la policía británica recorrían el país a caballo, acompañados de algunos nativos, aunque a veces iban solos. No obstante, no hubo acciones violentas. A decir verdad, Orwell, aconsejado por Beadon, compró una moto, enorme, americana y bajísima, de modo que, con su metro noventa de altura, las rodillas le rozaban la barbilla. Un día, volvía a toda velocidad a Fort Dufferin, cuando vio que la puerta estaba cerrada. Se bajó entonces, apoyándose sobre sus largas piernas, y dejó que la moto siguiera sola, hasta que chocó. Una cacería de tigres —sobre un carro de bueyes y armados con pistola— acabó también miserablemente.

Superados los exámenes, Orwell tuvo, como primer destino, Myanungmya. Las tareas que le asignaron allí eran durísimas: dirigir la oficina central de la policía del distrito, la escuela de adiestramiento, el aprovisionamiento y un *staff* de treinta, cincuenta hombres. En *Días en Birmania* recordaría la desesperación de los presos, sus espaldas marcadas con profundas cicatrices, los gritos de las mujeres cuando sus maridos eran arrestados. «Conozco el dolor más allá de lo soportable. En una ocasión asistí al ahorcamiento de un hombre. Cuando vi que el preso evitaba un charco, contemplé con mis propios ojos el misterio, la iniquidad de destrozar una vida en su plenitud, un hombre sano y consciente». Pero atroces resultan también las páginas en las que describe los círculos coloniales en los que había visto cómo, con un vaso de whisky en la mano, un coronel sostenía la teoría de que los nacionalistas «deberían ser fritos en aceite hirviendo». Orwell mismo, sin embargo, bien aleccionado en la idea de que «la gente baja apesta», sentía náuseas en los regimientos británicos, cuando se hallaba entre los jóvenes héroes supervivientes de la Guerra Mundial, que sudaban bajo el sol de Birmania. Con tantos criados, claro, terminó por sucumbir a la pereza; Orwell se acostumbró rápidamente a hacerse vestir y desvestir. A veces se burlaban de él por su pasado en Eton. No era un esnob, pero le echaban en cara que mantuviera, incluso en las situaciones más violentas, «una pose imperturbable y una profunda desaprobación del entusiasmo». Nunca dio ninguna señal de querer escribir, pero señaló una vez el hecho de que Huxley tuviera estatus de profesor en Oxford, y que fuera casi ciego.

En su segundo destino, Twante, donde también tenía poderes de jurisdicción sumaria, Orwell se pasaba el tiempo escuchando largas discusiones, a veces traducidas, a veces en dialecto. Después fue destinado a Syriam, entre enfermos de los manglares infestados de mosquitos. Fue más afortunado con sus dos últimos destinos, Moulmein y Katha, lugares más cercanos a Rangún. Como europeo, era, además, «odiado» y observado continuamente con miradas de desprecio. Un estudiante de la universidad, que llegó a vicerrector, cuenta que, en la estación, en noviembre de 1924, un oficial larguirucho fue enviado a quitarle la escalera a un niño que estaba jugando con ella. Orwell (porque se trataba de Orwell) se levantó e intentó golpearle en la cabeza, pero entonces los estudiantes lo rodearon y, en el momento de hacer caer una pesada vara sobre el niño, Orwell pareció reflexionar y cambió el golpe en la cabeza por uno en la espalda. En el compartimento, y durante todo el viaje, continuó discutiendo vivamente con los muchachos. Mantuvo siempre «una mala conciencia» en los enfrentamientos con «todos los criados y cargadores» que tenía a su servicio, «apretando los puños en los momentos de rabia».

El prejuicio racial, junto al prejuicio de clase, eran demasiado para Orwell. En el verano de 1925, pocos meses antes de la finalización natural de su mandato, pidió regresar al Reino Unido por razones de salud. En realidad, como apareció escrito en la contraportada de *Días en Birmania*, «no soportaba tener que meter en prisión a la gente por hacer las mismas cosas que él habría hecho de encontrarse en parecidas circunstancias». De nuevo en la patria, comunicó a sus padres que renunciaba a la policía birmana y que quería ser escritor. Su madre estaba «bastante horrorizada» por su presencia, porque dejaba caer la ceniza de los cigarros por todos lados, como si tuviese todavía «muchos criados, y el suelo fuera de bambú». Para convertirse en escritor, le alquiló a una amiga una mísera y fría habitación y se puso efectivamente a escribir. Cuando los dedos empezaban a congelársele por el frío, se los calentaba con una vela. Escribía sobre papel del Gobierno de Birmania, y su amiga y su marido le corregían el texto: «Se convertiría con el tiempo en un maestro de la lengua», pero en aquella época era «como una vaca que manejase un mosquetón».

En cierto momento, Orwell sintió «en lo más profundo de su ser» que, para convertirse en escritor, tenía que abandonar los privilegios y la respetabilidad, y vivir la vida de los marginados. Por pobreza, Orwell entendía la más extrema, la del hambre y el embrutecimiento. Seguía el modelo de Jack London, en sus exploraciones del East End metiéndose en pensiones de ínfima categoría «con camas para hombres solos». Improvisadamente, en aquel invierno de 1928, Orwell decidió que, para escribir, tenía que marcharse a París. Allí daba clases de inglés, pero un día todos sus alumnos se volatilizaron, y cuando se quedó sin dinero, empezó a empeñar su ropa. Finalmente, y aunque se convirtió en un perfecto vagabundo, podía, sin embargo, contar con «un amigo muy influyente», un ruso que trabajaba de camarero de hotel y que solía ayudarle a encontrar trabajo. Juntos intentaron ser porteros en Les Halles y encontrar otros trabajos a la desesperada. Se morían de hambre. En el otoño de 1929, Orwell se convirtió en lavaplatos en un hotel de lujo de la rue de Rivoli. Trabajaba en un sótano en el que ni siquiera se podía estar de pie, desde las siete de la mañana hasta las nueve y cuarto de la noche; lavaba platos, limpiaba mesas y fregaba los suelos. Un buen testimonio acerca de esos tres meses bajo tierra nos lo ofrece, paradójicamente, Su Gracia la duquesa de Westminster. En París, la duquesa bajaba siempre al Hôtel Lotti. Años después, en una fiesta, lady Westminster se encontró con «un hombre de aspecto frágil» que le contó una historia. Una noche, estando en el hotel, su marido pidió un melocotón. En la cocina no quedaban, así que enviaron a un aprendiz de camarero a buscarlo, bajo amenaza de despido. El muchacho dio vueltas desesperado por todo París, pero todas las tiendas estaban cerradas. Al final vio, tras un escaparate, un hermoso cesto de melocotones. Llamó a la puerta varias veces, pero fue en vano: el colmado estaba cerrado. Entonces el muchacho cogió una piedra de la acera, rompió el escaparate y volvió triunfante con su melocotón. El aprendiz de camarero era el futuro George Orwell.

Aprendió en esta época que, tras trece e incluso quince horas de trabajo, no quedan fuerzas suficientes para lavarse siquiera. Orwell notó, a la vuelta a Londres, que las pulgas son mucho más numerosas en los barrios bajos de la ciudad que en los barrios altos. En los dormitorios, las sábanas «apestaban malditamente». Por la noche, podía llegar borracho y vomitar junto a las camas, que estaban separadas por un metro y medio de distancia (costaban nueve peniques; para la distancia de dos metros se exigía un chelín). En Londres, Orwell temía que sus compañeros vagabundos, mendigos y criminales se dieran cuenta de su acento de Eton, y lo marginaran; pero en realidad no le prestaban la menor atención.

Eran sus amigos quienes consideraban que este extremo de proletarización constituía una extravagancia. Sospechaban que se trataba de una forma de expiación de sus privilegios coloniales y de clase. Se desesperaban viéndolo afrontar el frío sin abrigo, que había empeñado en el Monte de Piedad. Orwell tenía los pulmones gravemente afectados, lo que no le sirvió para librarse, en 1931, de pasar la Navidad en prisión. Lo metieron en una celda de seguridad por vagabundeo a una semana o dos de la vigilia, pero, debido a su enfermedad, lo sacaron antes de la festividad. Decidió entonces buscar un trabajo. Pidió dinero a su hermana mayor, alquiló una habitación y empezó a trabajar como director en una pequeña escuela privada, The Hawthorns, donde se ocupaba de quince niños de entre diez y dieciséis años. La escuela, dijo él, era «una auténtica estafa», pero todos recuerdan la «risa introvertida» y frecuente de Orwell, que se divertía con los muchachos, aunque les golpeara frecuentemente en la barriga con la punta de la regla; junto a la silla tenía un auténtico bastón, y con ese golpeaba «duro de verdad».

Mientras tanto, sus escritos eran regularmente rechazados, por ejemplo, por Thomas Eliot, de Faber. En 1932 llegó finalmente la buena noticia de que la editorial Gollancz iba a publicar *Vagabundo en París y Londres*, aunque rechazaba otros títulos —que consideraba más irresistibles— como *Memorias de un lavaplatos* o *de un pobre*. Cuando apareció el libro, y se vendió bastante bien, Orwell soñó con poder dejar «la molesta vida académica», ya que la escuela le ocupaba mucho tiempo, y solo conseguía escribir un par de horas por la noche. No obstante, el libro le proporcionó en dos años 150 libras, quizás 200, aunque su situación financiera no estaba resuelta en absoluto. Mientras tanto, The Hawthorns había sido vendida, y el nuevo director fue rápidamente arrestado por actos libidinosos. Orwell pasó entonces al más grande y respetable Frays College, que tenía ciento ochenta alumnos. Se hizo muy popular entre ellos, pero los profesores no dejaban de sorprenderse ante el hecho de que su colega no se entretuviese por la noche en la sala común, sino que se fuera a golpear furiosamente las teclas de su máquina de escribir.

Orwell no permaneció durante mucho tiempo en la nueva escuela. Una nevisca lo sorprendió cuando viajaba en su moto, y cogió un enfriamiento que se transformó en pulmonía, y después en algo peor. Sus editores regateaban inseguros por *Días en Birmania*, y él había acabado ya *La hija del reverendo*, cuando le encontraron un trabajo a media jornada en una librería. Booklovers' Corner estaba en Hampstead, en los barrios altos. Orwell contactó con militantes socialistas, y comenzó a convertirse en el escritor político de obras maestras, en el autor de las grandes utopías negativas acerca de la deriva del socialismo y el control total del Gran Hermano. Continuaban teniéndolo —a él, que en Eton consideraba a los comprometidos «la izquierda del hinojo»— por un conservador excéntrico, un «ácrata de derechas». Un minero del sur de Gales lo atacó sin piedad en una reunión, y concluyó que, si hubiese sido un dictador, lo habría hecho fusilar. La situación editorial, entretanto, mejoraba: en 1936, Victor Gollancz le encargó un libro sobre las condiciones de los parados en el norte industrial de Inglaterra. Orwell lo dejó todo y se dispuso disciplinadamente al estudio. Casado con la tuberculosis, lo llevaban del brazo cuando hacía sus visitas a los pozos mineros. De esa fase de investigación social nació *El camino de Wigan Pier*. Después viajó a España, donde combatió a favor de la República. En 1941 «perdió» dos años en la BBC, en la producción de programas culturales para India y el sudeste asiático. Orwell, mientras tanto, había acumulado ya mucha experiencia (ese es el nombre, dice Oscar Wilde, que le damos a nuestros errores). A la vuelta de la esquina estaba *Rebelión en la granja*, y la fama. Pero, entre una cosa y otra, la salud se le fue deteriorando. Al final, los médicos del último sanatorio en el que estuvo internado solo le permitían usar la máquina durante unas cuantas horas al día: estaba escribiendo *1984*.

Bohumil Hrabal

Bohumil Hrabal soñaba con ser futbolista. De pequeño era un fenómeno en el campo, y en 1929 entró en el equipo juvenil del Polaban Nymburk (Nymburk es una ciudad situada a cincuenta kilómetros al este de Praga, donde se fabrica cerveza desde la Edad Media). Hrabal era muy tímido, y en los partidos se sentía observado por los espectadores, se ruborizaba, y no sabía muy bien qué hacer con los brazos y con las piernas. En suma, se bloqueaba. Durante un partido entró en el campo como suplente y se rompió el codo derecho. Y hacía poco que se había fracturado la clavícula en un accidente de moto con su padre y su hermano (iban, evidentemente, en sidecar). Así que su carrera futbolística quedó aparcada (y más desde que, en una riña, durante un baile, se le cayeron encima sus enemigos, en tromba, y se destrozó el otro brazo). No está mal, porque mientras tanto entró en su vida el tío Pepin, inocente y genial fabulador, al que usaban en la familia y en las posadas como televisión (la gente se reunía en torno al magnetófono, y todos juntos escuchaban las grabaciones de sus hilarantes historias; dado el caso, él podía repetirlas al natural sin cambiar una sola palabra). El tío Pepin llegó a Nymburk de visita, y se quedó durante catorce años, trabajando en la cervecería del padrastro de Hrabal.

El padre de Bohumil, de hecho, había desaparecido prematuramente. «La vida de Hrabal comenzó a tomar un aire dramático ya desde el final del periodo prenatal», cuenta su amigo Jaroslav Kladiva. «Seis meses antes de su nacimiento, un domingo, Mařa volvió a casa y les dijo a sus padres que esperaba un hijo y que el hombre con quien estaba no la quería. El abuelo cogió la escopeta del armario y gritó: "¡De rodillas, que te pego un tiro!". La abuela Caterina sirvió la sopa de judías y dijo: "Déjala, anda, y ven a comer". Para evitar los cotilleos, Mařa se mudó a Polná como ayudante del contable de la cervecería del pueblo, Frantisek Hrabal. Dos años después se casó con él. En 1919, Frantisek se convirtió en administrador de la fábrica de cerveza de Nymburk, que servirá como telón de fondo para la infancia de Bohumil y para su novela *La tonsura*. La novela se abre con una sangrienta escena de trabajo: la reunión del consejo de administración de la cervecera tiene lugar en una austera sala perteneciente al apartamento en el que vive el administrador, y donde se está desarrollando el ritual de la matanza del cerdo. En un momento dado, la madre está volviendo y revolviendo, con los brazos metidos hasta el codo, la sangre del cerdo recogida en una tina, para que no se coagule. Aparece su marido, el administrador, vestido de frac, y como un juego la mujer le salpica; al final, todo el consejo, intrigado, se acerca, y en poco tiempo se pringan todos de sangre, para gran diversión de los matarifes.

Es en esta cervecera donde trabajará el tío Pepin. Un día regalará a Bohumil el libro que constituiría su «segunda universidad», *Gargantua y Pantagruel*, la carnavalesca novela de Rabelais. Y sería su segunda y no la primera porque, sin tener gran interés por los estudios, Hrabal se había matriculado en la Facultad de Jurisprudencia de la Universidad Carlos V de Praga. La ciudad fue invadida, el 15 de marzo de 1939, por las tropas alemanas, y, en respuesta a una manifestación por un estudiante asesinado por los nazis, las universidades fueron cerradas. Por eso, Hrabal no tuvo oportunidad de defender su tesis. Contento (así pensaba su madre) con este alargamiento de la juventud, Bohumil asiste al padre como chico para todo en la cervecera, y el 1 de diciembre de 1939 entra en calidad de pasante en la oficina del notario de Nymburk, Joseph Mažuta. En 1940 está de nuevo en Praga, siguiendo un curso en la escuela privada de comercio Eckert, que concluye brillantemente. Pero, mientras tanto, ha recibido una oferta de la oficina de empleo, y empieza a trabajar como almacenista de la cooperativa de ferrocarriles de Nymburk. Muchos estudiantes trabajaban en el ferrocarril, y entre todos fundaron un grupo de teatro. A la madre de Hrabal le gustaba actuar en las sociedades dramáticas de la ciudad. Por su sexcentésima actuación le regalaron un bonito anillo. Animaba a Bohumil a actuar también, pero cuando vio por primera vez a su hijo en escena paralizarse delante de la sala llena, se levantó de su asiento en la primera fila y pronunció una frase que sonó de lo más melodramática: «¡Ojalá no te hubiera traído al mundo!».

En 1941 Hrabal deja la cooperativa ferroviaria, intenta suicidarse por motivos ajenos a su trabajo, y supera la depresión con un nuevo empleo, siempre en el ferrocarril: se encarga del sistema de traviesas en el trayecto Nymburk-Poříčani (la estación Kostolami, en las cercanías de Nymburk, es la misma que aparece en *Trenes rigurosamente vigilados*). Incluso se propuso convertirse en conductor. Mientras tanto, controlaba los semáforos, y tenía un billete de servicio que le permitía viajar y conocer gente nueva. En 1943 siguió un curso para conductores en Hradek Králové, y volvió a casa habiendo hecho realidad su deseo.

Al final de la guerra, en 1945, pidió una licencia para terminar sus estudios, y en marzo del 46 se convirtió en doctor en Derecho; en consecuencia no pudo aplazar ya, a los treinta y dos años, el servicio militar. Fue por entonces cuando Hrabal entró en el partido comunista. Era también secretario de distrito del partido en Nymburk para asuntos culturales, y ni siquiera dimitió cuando los trabajadores echaron de la cervecera a su padre Francin. Solo se alejó del comunismo en 1946, cuando se convenció de que, en materia artística, el partido tenía posiciones «oscurantistas». Durante la guerra, había leído con pasión a los surrealistas, y para dedicarse a la literatura experimental buscó trabajos contrarios a su naturaleza; no quería volverse perezoso.

Cuando en 1948 los comunistas llegaron al poder, y millones de checos cambiaron de trabajo —empresarios, profesores universitarios y artistas se transformaron en trabajadores no cualificados, mineros y barrenderos, obligados a «destinos artificiales»—, Bohumil Hrabal no tuvo que hacer nada, puesto que este cambio lo había hecho ya él solo mucho tiempo antes. Quería «superar los límites del propio yo» y filtrar la realidad con «el ojo de diamante de la fantasía». «Siempre he buscado meterme en situaciones inadecuadas, desagradables para mí, contrarias a mi naturaleza; así que yo, que soy tímido, me convertí en agente de seguros».

En septiembre del 46 dejó su trabajo en el ferrocarril para emplearse como agente de seguros del Fondo de Jubilación e Invalidez para Artesanos y Comerciantes. Un año después se emplea como representante de la firma Harry Karel Klofanda de Praga, y comienza a viajar por toda Bohemia vendiendo artículos de mercería y juguetes. Al mismo tiempo, vende al por mayor bengalas y fuegos artificiales para la firma Haas & Co.

En sus poemas conviven ahora fórmulas realistas («No soy más que un guía de juguetes / ... / ¿De dónde sacaste la fuerza / para ofrecer esos peines absurdos, juguetes y cepillos, / y para fabricar al mismo tiempo sueños tan terribles?») junto a las fantásticas imágenes surrealistas que le eran más propias («Estaba tan tranquilo, / porque no me quedaba otra / que andar por el mundo como tijeras de sastre / ... / aunque la gente inocente pensaba / que era un molino de viento... / que la clepsidra tuviera sed»). Pero el intento de publicar una edición de autor con sus poemas fracasa, porque la imprenta es nacionalizada y posteriormente cerrada. El mismo destino le espera en su lugar de trabajo: la empresa Harry Karel Klofanda cierra, y el negocio de juguetes de los hermanos Zinner, donde estaba empleado, es absorbido por la empresa estatal ZDAR, y cerrado finalmente cuando ZDAR cierra a su vez. En el verano del 49, Hrabal deja definitivamente Nymburk y se marcha a trabajar a los grandes almacenes estatales de Praga. «Me asusté de lo apartado que vivía de la verdadera vida. Dejé la soledad y mi estupenda cervecería y mi habitación-biblioteca, y me mudé a Praga». Escribió, ya bajo la dictadura, *Las desventuras del viejo Werther,* los monólogos del tío Pepin, que iba a buscarlo, a los setenta y siete años, a la casa de la plaza de la Ciudad Vieja encima del tanatorio Schönbach. Podía escribir a máquina rápidamente gracias a los cursos que había recibido en la escuela Eckert, que al final no resultaron tan inútiles. Como trabajo eligió las acerías Poldi de Kladno, no lejos de Praga. En las acerías trabajaban detenidos políticos y comunes, pero también voluntarios, como Hrabal. La diferencia radicaba en que los primeros estaban vigilados por guardas armados, y los segundos por capataces. Vivían todos en barracas que Hrabal definió en sus poemas como «campos de concentración piojosos». Pero después de un año regresó a vivir en Praga. Para llegar al trabajo en autobús se levantaba a las cuatro. Como casi todos los licenciados, era un trabajador no cualificado, empleado en pesados trabajos manuales. Dijo después —solo en los años 90— que tomó ese trabajo, el más duro de todos los suyos, por miedo a ser arrestado: en aquel verano del 49 la policía política encarceló a sus amigos de Nymburk, con quienes había ingresado en el partido comunista.

El trabajo de obreros y detenidos en Kladno se convertiría en la novela *Jarmilka*, que relaciona y compara las acerías estalinistas con los campos de concentración de Hitler. Circuló en copias mecanoscritas, y fue la primera obra maestra de Hrabal, quien, a cambio, a punto estuvo de perder la vida en aquellas acerías. El 10 de julio de 1952 Bohumil perdió el autobús. Decidió hacer autoestop. Fue entonces cuando un recipiente con cal, que había en una grúa, cayó al precipitarse esta hacia el horno. Las ruedas de la grúa salieron volando y le alcanzaron. «Esto solo lo supe más tarde. Solo sé que fui arrojado sobre la plataforma, y que junto a mí cayó una rueda de hierro fundido de diez kilos de peso. Sentí en la boca el sabor de los huesos quemados, y más tarde el ayudante, el fundidor y los trabajadores estaban encima de mí y no sabían qué hacer… Después hospital, después desmayo, después sutura en la cabeza, atención a cuando comienzo a morir. Tras la mampara tenía un pequeño diccionario de francés. Solía mirarlo sin parar, y sí, pude leer». Hrabal permaneció en el hospital tres meses, y en el departamento psiquiátrico comprendió que era necesario que se curara; rechazó la pensión de invalidez. «Todo había sido culpa de los albañiles» que reparaban el horno Martin y usaban la grúa para mover las escorias del fondo del horno. Volvió a las acerías, pero se le destinó a un trabajo más liviano, y en octubre de 1954 comenzó a trabajar en el reciclado de papel en la empresa Sběrné Suroviny, en Praga.

En 1958, la editorial Československý Spisovatel prepara la publicación de una recopilación de cuentos de Hrabal. En consecuencia, los otros trabajadores de la planta de reciclaje se asustan y se vuelven hostiles. Los amigos intelectuales escriben a la presidencia de la Unión de Escritores Checoslovacos una carta en la que denuncian que el «escritor Bohumil Hrabal es empleado de la empresa estatal para el reciclaje de material Sběrné Suroviny como reciclador de papel. En los últimos tiempos ha sido trasladado arbitrariamente de un trabajo pesado a otro todavía más duro y peligroso, que lo fatiga totalmente». Se le pedía a la Unión de Escritores que usara su influencia para asegurar «al doctor en Derecho Bohumil Hrabal un empleo adecuado a su cualificación, permitiéndole así proseguir su actividad literaria». Y, en efecto, el 16 de febrero de 1959, tras «un acuerdo entre las partes», Hrabal deja la planta de reciclado y comienza a trabajar en el teatro Stanislav Kosta Neumann como maquinista de escenario. En la editorial, mientras tanto, han cambiado al director, y las pruebas del libro de Hrabal acaban en la planta de reciclado.

En realidad, fue su boda la que resolvió los problemas de Hrabal. En 1956 se casó con Eliska, a quien él llamaba Pipsi, perteneciente a la rica familia de un procurador y administrador de grandes fábricas para la elaboración de madera, y que trabajaba como cajera en el Hotel Pařiž de Praga. En 1961, Pipsi se ofreció a mantener a su marido. Hizo que dejara el trabajo de maquinista en el teatro para que se dedicara a la literatura a tiempo completo. Hrabal se registró en el epígrafe «escritor», y dos años después comenzó a publicar. Llegó el éxito y también una casita en los bosques. El cine se inspiró en sus relatos; *Trenes rigurosamente vigilados,* de Jiří Menzel, obtuvo un Oscar en 1967. Se cuenta que el actor Vladimir Valenta, que interpretaba al jefe de estación, se exilió en Estados Unidos, donde se puso a trabajar en un autolavado. Cuando la película ganó el Oscar, las mujeres llegaban al autolavado con sellos; pedían que se los sellase en el asiento, como hace en la película el factor Hubička. A partir de entonces, no le faltaron papeles en películas americanas.

Boris Vian

Boris Vian —la locomotora de la diversión en Saint-Germain; el inventor de las *caves*— era ingeniero, aunque su segundo trabajo —escritura aparte— consistiría en un alegrísimo y consciente suicidio. Sin embargo, compatibilizó su breve vida con muchos trabajos de lo más dispares. Siendo aún muy joven, el 26 de junio de 1942, Boris Vian estaba ya entre los diplomados de la prestigiosa Centrale des Arts et Manufacture. Bison Ravi («bisonte encantado», su seudónimo preferido) era ingeniero de la rama metalúrgica, e inmediatamente comenzó a buscar trabajo. Se ofreció a Rivière et Lefaucheuz, al Comptoir Linier y a los Etablissements L'eau (que fabricaban ventiladores silenciosos), a De Diedrich, a los Ateliers et Chantiers de la Loire, al Service Général du Contrôle Économique, de J. Acker et Co. (o como él decía, «con», [tonto]); y, por fin, a la AFNOR, Association Française de Normalisation, organización próxima al espíritu de Vichy, el gobierno colaboracionista con los nazis, que, auspiciada por una ley del 24 de mayo de 1941, se proponía racionalizar los formatos de varios productos franceses con el fin de imponer en el país un modelo único. Se puede entender la utilidad de unificar la base de las bombillas, por ejemplo, pero la organización tenía proyectos más amplios, como se vería de inmediato. En la AFNOR, Vian es recibido por Robert Lhoste (al que pronto definirá como «un siniestro *emmerdeur*», un incordio). Lhoste le propone tres meses a prueba con el miserable sueldo de cuatro mil francos al mes, pero, dado que los demás valoraban su trabajo en cantidades que oscilaban entre los tres mil y los tres mil quinientos, Vian opta por la AFNOR. Se le asigna a la normalización del vidrio, y su trabajo consistirá en comparar los méritos respectivos de cientos de botellas para descubrir cuál es la ideal.

Lo absurdo del programa fascina a Vian; y también la ubicación le parece interesante, en el 23 de la rue Notre Dame des Victoires, junto a la encantadora plaza del XVIII, ya que le resulta muy fácil llegar hasta allí. Escribe un largo poema para su jefe, el «Hymne à Monsieur Lhoste», con el epígrafe: «Todo lo que es Afnormal es nuestro»; «*Chacun trouve à son goût la norme des hublots*» (cada uno encuentra a su gusto la norma de los *hublots),* etcétera. El proyecto nº 1 del BNC (Bureau des normes du cheval) estaba en alejandrinos. La «Norma de los insultos», fijada en marzo de 1944, reproduce «exactamente» los modelos usados en la AFNOR. El insulto es siempre verdad (de otra manera sería una difamación), y se clasifica en grados crecientes de gravedad en función de la categoría socioprofesional del insultado, quien se distingue en persona de rango social superior, inferior, eclesiástico (subdividido a su vez en: misma confesión o religión diferente), intelectual, tercer sexo, capitán de largo recorrido, etcétera.

Vian escribió entonces la novela de la AFNOR, del jazz, de las fiestas sorpresa y de las incursiones *zazou*, que eran las principales actividades de Vian y Co. durante la guerra: se titula *Vercoquin y el plancton* (él la llamó siempre *Vercoquin etcétera*). En ella integró el lenguaje estimulante y delirante de los jóvenes en la locura de su lugar de trabajo. Así, la AFNOR se encarga de normalizar las fiestas sorpresa que tanto les gustaban a Vian y a Jacques Loustalot, llamado el Mayor (a quien Vian describirá como «un buen espécimen de cretino, frente baja, un ojo torvo y otro de cristal...» tras examinarlo atentamente desde su metro ochenta y siete de altura, inclinando sobre él la cabeza rubia y limpia con la frente abombada). Es él quien acrecienta en Vian el odio hacia todas las nomenclaturas. Enseña a Boris Vian muchas otras cosas: el sentido de una adolescencia prolongada y hostil, la literatura y el cine americano en las proyecciones clandestinas, el humorismo demencial, los juegos de palabras, el *nonsense* británico... Tiene, además, un ojo de cristal con el que asusta a las chicas. Lo remueve en el vaso de licor como si fuese un juguete; lo hace rodar por las paredes cuando se aburre en las fiestas; y una vez está tan irritado que se tira por la ventana y muere. Tiene veintitrés años.

En la novela aparecían, además, los *zazous*, esos dandis de la Ocupación. Presumían de ignorar ostensiblemente la guerra. Se ponían chaquetas largas hasta las rodillas, pantalones cortos y ceñidos, grandes zapatos negros, y llevaban siempre un paraguas envainado (especialmente si llovía). Permanecían impasibles delante de los cafés del Barrio Latino. Los nazis y el gobierno de Vichy sospechaban que simpatizaban con los americanos, porque la verdad era que adoraban el jazz. Les llamaban «los hombres *swing*». «Machacar a los *zazous*», se convirtió en un imperativo de Vichy, y solían enviarlos a Alemania a colaborar, en las fábricas, en los destinos del Reich. Solo en la familia a la que pertenecía Vian, tuvieron que marchar dos hermanos y un yerno. Boris se salvó de la sobriedad de la vestimenta, pero, más que nada, fue gracias a lo defectuoso de su corazón.

Estaba enfermo, pero seguía tocando la trompeta como si nada, a pesar de que los médicos le pronosticaran que, si seguía así, viviría como mucho diez años más. En marzo de 1942, poco antes de empezar a trabajar, Vian había conocido a Claude Abadie, clarinetista y director de orquesta. Alain, el hermano de Vian, tocaba la batería en su grupo. Claude Abadie fue incorporado de inmediato a las fiestas sorpresa. Por diversión, comenzaron a «hacer *jam sessions*», y aquello se convirtió en una especie de profesión. Decía Vian que tocaban *«amateurs-marrons»*, como diletantes-semi-profesionales no autorizados, retribuidos durante la guerra un poco por casualidad: en función de un caché, de un porcentaje, o en especie: en comida y alcohol. Una vez que el jefe del Royal Villiers no quiso pagarles porque la clientela había sido «escasa», se fueron llevándose «alguna nota» del piano, por lo que lo dejaron desdentado de tres teclas.

Así que la AFNOR le deja tiempo a Vian para su verdadera ocupación durante la Ocupación: el jazz. También Claude Abadie, que tiene la misma edad y formación que Vian —Grandes Écoles, licenciado en Matemáticas, se convertiría en un brillante funcionario en la dirección de la Banque de Paris et des Pays Bas—, frecuenta el Hot Club de Francia en la rue Chaptal. Encuentra que el jazz «blanco» de los años del racismo ha perdido mucho de su primitiva fuerza, propia de la negritud. Eran entonces años pioneros para el jazz en Francia. En 1934 no se pudo encontrar una sala en París para que actuase Duke Ellington, ya que eran demasiado caras y el público constituía una incógnita. La generación de Abadie y Vian pertenece al periodo heroico del jazz, cuando la Ocupación censuraba la música negra por serlo, y se bloqueaba la llegada de los discos americanos. Manda el jazz post-Chicago. Los profesionales de la época del domesticado jazz francés son Aimé Barelli, Django Reinhardt, Emmanuel Soulier... Abadie quiere buscar nuevas fuentes del jazz, concretamente, las de Nueva Orleans. Quiere reverdecer el *«swing»,* pero el de Duke Elington, el de antes de 1935 y de Benny Goodman y del insípido *«middle-jazz».* Al batería, Claude Léon, Abadie lo encontró un día que tocaba el piano, a la hora del almuerzo, en una residencia de estudiantes. El batería, que será compañero de oficina y uno de los más queridos amigos de Vian, tiene muchos problemas: es investigador en la Sorbona (en el laboratorio de química crea explosivos miniaturizados para la Resistencia), es judío y militante de izquierdas. Llega a las pruebas tratando de ocultar la estrella amarilla; después entra en la Resistencia y posteriormente es internado en los campos de Drancy y Compiègne. Hasta el final de la Ocupación, Abadie debe renunciar a su primer batería.

Con la aureola del Premio de los Diletantes del HCF, obtenido en 1942, Abadie declarará haber ganado durante la guerra, con la orquestina, tanto como con el trabajo. Abadie tomó entonces a Alain como batería, y a Boris como trompeta. Michelle, la mujer de Vian, que escribe artículos anónimos para la revista *Vedettes*, le regala un nuevo instrumento, comprado en Selmer, en la rue de Douai, la tienda que vende unos saxos muy apreciados por Charlie Parker. La composición de la orquesta cambia cuando algunos instrumentistas son enviados a Alemania. Se convierten pronto en un octeto, con un joven y extraordinario clarinetista, Claude Luter. Con frecuencia, se requiere su presencia en fiestas privadas o en las galas de las Grandes Écoles, y Boris estará en un concierto cuando unos ladrones asesinen a su padre en su propia casa: la familia Vian se empobrece.

¡Llegan los americanos! «En cuestión de jazz, eran de una incultura total», dirá Claude Léon. Por lo menos, no tienen las ideas tan claras como el grupo de Abadie. Conocen a Duke Ellington, de acuerdo. Pero ignoran al saxo Johnny Hodges, e incluso a Charlie Parker. Las mujeres casadas no pueden entrar en el Rainbow Corner, en el boulevard des Capucines, y los clientes —militares americanos— piden *Bésame mucho*, pero se adaptan al estilo New Orleans de la orquesta Abadie, siempre que haya baile. Claude Abadie ha encontrado recientemente en un local de Pigalle, por casualidad, a Claude Léon, salido de la clandestinidad. Se dan grandes abrazos, y Léon regresa a la orquesta: «Veréis, pagan en dólares». En la fiesta continua tras la Liberación, tocan muchas noches a la semana para los soldados de todos los ejércitos, y las ganan si «polonean», como dice Vian (refiriéndose a «partición de Polonia» de reciente memoria, en 1939). Sin embargo, en una gala dedicada a «los de la Resistencia», le piden a la orquesta que comience con los himnos nacionales inglés, americano, ruso y francés. Vian pregunta si puede añadir la Internacional. El público no se ríe con la broma, e insiste. Los nuestros «swinguean» los himnos aliados, provocando una buena pelotera. Es el Mayor, quien, jugando con su ojo de cristal, inventa sobre la marcha un acto de heroísmo acaecido durante la guerra, y calma los ánimos.

La orquesta se acerca después a una cantina de la avenue Rapp, para disfrutar de un almuerzo y de mucho zumo de frutas (Vian se muestra hostil ante una novedad: la Coca-Cola). También, mientras toca, Vian debe sostener a Taymour Nawab, llamado Timsey-Timsey, un riquísimo persa que toca genial la guitarra, pero que está siempre borracho. Con el Special Service Show los músicos se trasladan en camión, desde la place de l'Opéra, al lugar de la actuación, que puede ser por ejemplo el hospital psiquiátrico de Villejuif. En 1946, Vian se cabrea en Boulogne, en la propiedad de los Rothschild, que está ocupada por los americanos. ¿Cómo es posible que a los músicos les esté prohibido pasear por el parque? Solo tras la actuación, Vian se da cuenta de que el parque está todavía minado. En junio de 1947, Vian se convierte en trompetista de Tabou, la cantina más reputada de las fiestas de la Liberación. En las cantinas se puede hacer fiesta sin preocuparse del barrio. Se bebe intensamente, la niebla del humo es «londinense» y los jóvenes escriben en los baños aforismos existencialistas.

El 15 de febrero de 1946, Boris Vian dimite de la AFNOR para entrar en la Office Professionnel des Industries et des Commerces du Papier et du Carton, en el 154 del Boulevard Haussmann. Es Claude Léon quien ha dejado la Sorbona por este trabajo, en el que se trata de no hacer «absolutamente nada» por un sueldo de doscientos mil francos al mes (el doble de lo que gana Vian en la AFNOR). Boris, ingeniero en la Office du Papier, ramo producción-distribución, está en la misma oficina que Léon; uno escribe, el otro lee. Terminada *La espuma de los días*, Vian completa el *Otoño en Pekín*, para el que ha necesitado de muchos epígrafes. Le pregunta a Léon: «¿Quito alguno?», y Léon, que está leyendo un *Manual de prestidigitación* o las *Mémoires* de Louis Roussel, proporciona las eclécticas citas de la novela. Vian permanecerá en la ATIP (nombre del organismo en cuanto se convirtió, primero en Féderation des Syndicats des Producteurs de Papiers, Cartons et Celluloses, y luego en Association Technique de l'Industrie Papetière) hasta 1947. En agosto le despiden con una fórmula que parece sacada de una carta de amor. Es el secretario general quien le escribe personalmente: «Debiéndome ausentar hasta el lunes, tengo que advertirle desde ahora que en el futuro debemos separarnos».

Vian tuvo otras muchas tareas. Teatro, radio, cine... Periodismo para *Jazz-Hot*, o crítica de jazz en *Combat*, o una «Chronique du menteur» para *Temps Modernes*. Y están también las canciones. Hasta hoy, se conocen cuatrocientas ochenta y cuatro. La primera, *Au bon vieux temps héroïque du jazz / On se fichait pas mal des paroles*, está fechada el 2 de agosto de 1944. La música era de Johnny Sabrou, el guitarrista de la orquesta de Claude Abadie. El texto fue rápidamente escrito a máquina sobre papel de carta del Ministerio de Comercio e Industria, que quizás provenía de la oficina de Vian. Nacen *J'suis snob*, muchas otras canciones hilarantes, y *Le déserteur*, de la que se pide la prohibición en la radio durante la guerra de Argelia. «¿Habéis combatido por la paz o por placer?», responde en una famosa carta pública Vian.

En 1945 —estaba todavía en la AFNOR—, Vian telefoneó a Claude Léon: «¿Se podría hacer si falto dos días?». Se necesitaba una orquesta para una película, *Madame et son flirt*, de Jean de Marguenat, con Gisèle Pascal. Vian había convocado a su hermano Alain, que tenía una mano vendada, pero la escondía fingiendo que tocaba el saxo (nunca lo había hecho). Léon, en la batería, y todos los demás tocaban de verdad, y no paraban; los actores bailaban. Vian le decía muy serio al operador: «Está sobreexpuesto», porque seguía repitiendo. Pero todo tiene un final. «Y, ahora, ¿dónde vais?», les preguntó a Léon y a Vian. «A la oficina», respondieron ellos. Los electricistas no daban crédito.

Charles Bukowski

Su padre era ingeniero. Durante la Depresión perdió el trabajo pero continuó saliendo de casa todas las mañanas como si aún fuera a la oficina. «Los hombres sin trabajo madrugan / bloqueados / con sus hermosas mujeres descoloridas», dice Bukowski en un poema. Su padre le golpeó con una fusta durante años, prácticamente cada día, y estar en el paro no mejoró su humor. Un acné devastador, una especie de dislexia, la pasión por la lectura y, con claro ánimo de provocar, las simpatías declaradas por Hitler aislaron al muchacho de sus coetáneos. En 1939, diplomado, y tras un honorable servicio militar para oficiales de reserva, encontró trabajo en un gran almacén, el Sears Roebuck. Surgía del Pico Boulevard junto a Los Angeles High, una escuela de las élites de la ciudad, en la que los padres esnobs de Bukowski habrían querido que el futuro escritor estudiase. La primera vez que un estudiante de la escuela entró y lo reconoció, y comenzó a burlarse de él, Bukowski empezó una sonora pelea, y fue despedido.

En septiembre de 1939 entró como becario en una escuela de periodismo en el Los Angeles City College. Era una escuela profesional, y más interesante que las superiores, pero Bukowski destacó por su escaso rendimiento y por sus comportamientos reprensibles. Se ganó dos advertencias y la beca no le fue renovada. Su padre descubrió que el muchacho usaba la máquina de escribir no para hacer sus deberes, sino para escribir cuentos, y lo tiró todo al jardín por la ventana: mecanoscritos, máquina y ropa. Charles le pidió diez dólares a su madre y se fue en autobús a la ciudad, donde se instaló «en una barraca de contrachapado». En 1941, tras abandonar el *college,* trabajó durante seis meses en las estaciones ferroviarias de la Southern Pacific y en el establecimiento de la Borg-Wagner en South Flower Street. Pero, como admiraba a John Fante, decidió salir a explorar la América «real» de los bares y de las fábricas. Salió en un pullman hacia Nueva Orleans y allí trabajó en un almacén, hasta que tuvo un poco de dinero. Entonces se despidió y se encerró en su habitación a escribir. Cuando el dinero empezó a escasear, se alimentó con chocolatinas, con la intención de retrasar el momento de volver a tener que trabajar en un enésimo «inútil trabajo de ocho horas». Frecuentaba un bar deprimente junto a Canal Street y prontó se marchó a Atlanta, en Georgia.

En Atlanta vivió en una barraca con el techo de cartón embreado y una única bombilla. Las revistas continuaban rechazando sus cuentos, pero prefería morirse de hambre antes que retomar un trabajo regular. Hasta tal punto, que un día escribió a su padre para pedirle dinero. Su padre le respondió con una carta llena de reproches. Charles decidió matarse con una descarga eléctrica, pero antes se puso a escribir y eso le distrajo. Luego se unió a un grupo de trabajadores que construían vías de tren. Atravesó Texas yendo hacia el oeste, y en la biblioteca de El Paso descubrió a Dostoyevski. En el verano de 1942 estaba en San Francisco, donde se empleó como conductor de un camión de la Cruz Roja. El trabajo estaba bien pagado, las enfermeras eran cariñosas, la propietaria de la pensión le prestaba su gramófono. La situación era muy agradable, pero la patria le llamaba, y Charles Bukowski se presentó en la oficina de reclutamiento, donde logró superar los exámenes físicos. No obstante, tras el test psicológico fue exonerado por «psicolábil», y, además, por su «extremada sensibilidad».

Llegó el momento en que lo despidió también la Cruz Roja (esta vez por llegar tarde a un centro de recogida de sangre). A una entrevistadora, Fernanda Pivano, le contó en agosto de 1980: «Muy a menudo me decían: Bukowski, te despedimos. No porque no hiciese mi trabajo, sino porque me comportaba como si el trabajo no me gustase. Sabía trabajar duro, y lo hacía a menudo. Pero siempre estaba de cachondeo, o con mala cara. Si estaba en un trabajo tres semanas, decía: este trabajo dura mucho, todavía no me han despedido». Liberado ya de la Cruz Roja, volvió a vagabundear por América. A veces ponía el dedo sobre el mapa y ese gesto decidía su destino: fue así como acabó en Saint Louis, en Missouri, empaquetando vestidos en el sótano de una tienda de ropa de señoras.

Mientras tanto, seguía mandando cuentos a las revistas, inútilmente. Cuando se los devolvían, los rompía. A la revista *Story* envió un cuento que hablaba de un cuento que era rechazado por el director de la misma revista, una provocación que le trajo suerte. En la primavera de 1944, Bukowski pudo comprar rápidamente *Story*, y leerse por fin a sí mismo. Estaba en Nueva York, en un *drugstore* de Greenwich Village. Cogió un trabajo de almacenero para poder alquilar una habitación, pero tenía frío, el tren elevado pasaba delante de su ventana, y Nueva York le asustaba. Quería vivir en una ciudad «donde no hubiera follones», y eligió Philadelphia.

En el primer bar en el que entró, en Fairmount Avenue, junto al centro, una botella le silbó junto a la cabeza. «Eh, tú», le dijo su vecino a un cliente, «vuélvelo a intentar y te arranco la cabeza.» Una nueva botella voló como respuesta. A Bukowski todo aquello le pareció de lo más divertido, así que se instaló en el barrio, y encontró un trabajo en el reparto de envíos de la Fairmount Motor Products. Primero pasaba por el bar a secar los vasos, y por la noche volvía a trabajar un poco o a picarse con los parroquianos jugándose un par de bebidas. Entendió más tarde que su trabajo era dejarse machacar para divertir a los clientes; porque una vez que estuvo el jefe, le dio el finiquito. «Me estaba escondiendo», dijo después de aquel bar, donde se quedó dos años y medio.

Durante los siguientes diez años dejó de escribir y se limitó a beber, según declaró más tarde. Pero no era cierto. Continuó escribiendo y publicó en *Portfolio*, que tenía entre sus colaboradores a Miller, Genet y Sartre. En la nota biográfica que solicitaban a los autores, Bukowski habló de su trabajo de aquel momento: «Consiste en lijar, estucar y empaquetar marcos en un almacén. No es tan raro como parece, pero le falta poco».

Regresó junto a su familia, orgulloso. Pero cuando su padre vio el nombre de su hijo en la revista junto al de Sartre y el de García Lorca, la enseñó a sus superiores —trabajaba en un museo— diciendo que él era el autor del cuento. Obtuvo un ascenso. Charles Bukowski decidió que era imposible vivir «con aquella absurda cabeza de chorlito», y se fue a vivir a un barrio de putas. Trabajaba como empleado de envíos; y durante un tiempo en Milliron's, un gran almacén, o en pequeños laboratorios textiles; «trabajos de mierda» en los que intentaba perder el mayor tiempo posible antes de que lo despidieran. Por esa época dedicó un poema a su trabajo en la Sunbeam Lighting Company: «Y tras diez horas / de duro trabajo / después de intercambiarnos insultos / en continuas escaramuzas / con los que no tienen las pelotas para / resistir / nos vamos / todavía frescos / ... / a beber hasta tarde / discutiendo con nuestras mujeres / para volver por la mañana después / a fichar».

El trabajo más importante de la vida de Bukowski surgió por casualidad. Era la Navidad de 1950. Aceptó durante dos semanas un empleo temporal como cartero. Tras quince meses, le ofrecieron un empleo a tiempo completo a un dólar con sesenta y un centavos la hora. Se quedó durante tres años. Estaba en el trabajo cuando empezó a sentirse muy mal. Volvió a casa, vomitaba sangre. Había bebido intensamente durante más de diez años: vino malo, cerveza, whisky. En el hospital de los pobres no querían hacerle transfusiones porque no tenía seguro ni «créditos de sangre». Le salvó su padre, que sí tenía créditos. Para no tener que trabajar más «en los mataderos, en las oficinas postales, en los muelles de los puertos, en las fábricas», probó con las apuestas en las carreras. Funcionó durante un tiempo. Después, abandonado por su esposa, Jane, Bukowski se encontró casado por correspondencia con una muchacha que pertenecía a una familia de petroleros, y que era prima del tipo que había fundado la TWA.

Barbara Frye era editora de la revista *Harlequin* en Wheeler, Texas. Apreciaba mucho los poemas de Charles. Le dijo que era el poeta más grande después de William Blake, pero se quejaba de su soledad. Él le respondió que se casaría con ella.

Al día siguiente se había olvidado de la carta, pero ella aceptó. Le faltaban dos vértebras del cuello, pero a Bukowski le pareció muy bien. Ella le publicó otros poemas y declaró que no quería vivir con el dinero de la familia. Bukowski era por entonces almacenista en el Graphic Arts Center: llevaba cajas de papel, plumas y tinta del almacén al camión, pero ella se empeñó en que podía ser diseñador. Hizo que se apuntara a un curso y lo llevó a las galerías. En el curso, como ejercicio práctico, se debía realizar una campaña navideña para la Texaco. Bukowski propuso un árbol de navidad con la estrella de Texaco en la punta. El profesor le dijo que era una idea superada. Bukowski se enfadó, y poco después abandonó el curso, pero entonces descubrió que las estaciones Texaco exponían carteles con su árbol. Volvió a ser aprendiz en el servicio postal, asignado a la distribución, por un dólar con ochenta y dos centavos la hora, y se divorció de su ambiciosa mujer. Era 1958.

Nadie sabe cómo resistió tanto en el servicio postal: tres años y medio de cartero, y once de empleado. Parece, sin embargo, que en el otoño de 1969 quisieron despedirlo por absentismo. Los doce años que pasó poniendo sellos y distribuyendo el correo le causaron dolores crónicos en la espalda, y, como se ausentaba para escribir, en agosto le retiraron el sueldo. «Se quejaba», cuenta un amigo, de que «el servicio postal lo había matado». Coincidió, sin embargo, con su encuentro con John Martin, tan definitivo para él como cuando «el señor Rolls conoció al señor Royce».

John Martin, administrador de una empresa de registro de oficinas, publicó en 1966 en forma de *plaquettes* algunos poemas de Bukowski, y después una selección entera de sus creaciones, *At Terror Street and Agony Way*, de la que, sin saber muy bien cómo, se vendieron 750 copias en dos meses. Excitado por el éxito, John Martin dejó su trabajo para dedicarse a la edición a tiempo completo, y Bukowski abandonó el servicio postal para convertirse en escritor profesional, con la promesa, por parte de Martin, a cambio de los derechos de autor, de un pequeño sueldo que le mantuviera alejado de los problemas. Calcularon que bastaría con treinta y cinco dólares para el alquiler, veinte para comida, quince para cerveza y cigarrillos, más el teléfono y el gas, lo que sumaba cien dólares en total. No hubo contrato escrito, solo un acuerdo entre caballeros. La primera semana Bukowski se limitó a tener miedo; después escribió *Cartero*, en el que contaba sus aventuras como cartero, bajo el nombre de Henry Chinaski: la mujer que quiere ser forzada, el furgón que se hunde en una inundación, y también lo de la millonaria tejana ninfómana que, haciendo el amor, hace caer las macetas de geranios sobre la espalda de su marido, y lo de su renuncia al trabajo a los cincuenta años.

Para ganar algo más de dinero, dio conferencias. Al principio, estaba aterrorizado, bebía y vomitaba todo el día; después era divertido e impresionante, con su metro ochenta, barriga de amante de la cerveza y la enorme nariz violácea. Mientras hablaba, bebía, y cuanto más bebía, más crecía su hostilidad hacia el público. Muchos se reían, algunos respondían a sus insultos. Las lecturas eran tumultuosas. Una conferencia en la City Lights Books del poeta *beat* Ferlinghetti acabó derivando en un denso lanzamiento de botellas. Pero todos se conmovieron con un poema sobre su padre y Los Angeles: «Era 1937 en Los Ángeles y era una Viena / de infierno / ... / La ciudad creció cuatro o cinco veces / y no hay menos marcha que antes / ... y hoy no salgo a buscar trabajo / por el mismo motivo por el que no salí entonces; no sé / nada, no sé hacer / nada».

«Sabes», le había dicho a un amigo antes de la primera conferencia —estaba aterrorizado y había vomitado dos veces— «es más fácil trabajar en una fábrica. Allí no hay tanta presión.»

Ottiero Ottieri

Para convertirse en un intelectual de izquierdas, en 1948, Ottiero Ottieri dejó a su familia, las comodidades y los estudios literarios, y se marchó a Milán, la ciudad del trabajo y del compromiso civil. «Solo, apoyada la cabeza encima de la mesa del compartimento, de la estación llego a una Milán negra dentro de una melancolía negra.» Su futura esposa lo encontró por la calle, perdido, mientras leía la *Gazzetta dello Sport*. Buscaba trabajo, el trabajo menos literario posible, para acercarse a la realidad social, entrar en contacto con la industria y el trabajo obrero, conocer la opinión alienada del trabajador mecánico, que conocía por las obras de Marx. Pero sus primeros trabajos son en Mondadori, como asistente del jefe de la oficina de impresión, y después en una revista científica, *La Scienza Illustrata*. También trabaja como redactor de la revista *Psyché*, y estudia psicología en profundidad —se analiza con Cesare Musatti— cuando, súbita y trágicamente, es golpeado por la meningitis. Es junio de 1953, y acaba de ser aceptado por Olivetti como seleccionador de personal.

Adriano Olivetti, industrial ilustrado, cree en los directivos intelectuales, y ha reclutado al crítico Geno Pampaloni, a los escritores Paolo Volponi y Franco Fortini, al poeta Giovanni Giudici. Ottiero Ottieri tenía que entrar a trabajar en julio, pero se encuentra en un hospital de Florencia intentando curarse con el doctor Cucchi, especialista en meningitis. Olivetti envió puntualmente el sueldo a Ottiero, y, cuando le dieron el alta, le propuso ir a trabajar en el clima bonancible de Pozzuoli, donde habían inaugurado, sobre una colina con vistas al mar, una nueva fábrica. «Caída desde arriba en sus formas», la fábrica-modelo estaba tan en vanguardia, que surgía como un monolito en el sur agrario y primitivo de la posguerra. «El arquitecto proyectó una de las más hermosas fábricas de Europa, de color, rodeada por un jardín, con enfermería y biblioteca». En vez de ampliar los establecimientos centrales, en el norte, la fábrica se llevó al sur y está completamente acristalada: se ve el mar y cómo pasan los carros.

El 1 de marzo de 1955, Ottiero Ottieri desembarca en el sur. Lo recoge un hombre de camisa marrón que lo llama inmediatamente director y le coge las maletas: «¿Busca casa? Tengo una oportunidad para usted. Un palacio. En via Dante». «¿Alighieri?», completa instintivamente Ottieri. «¿Cómo conoce la calle?» «No la conozco. Conozco el nombre. Y no soy el director.» «Ah, ya conocía el nombre. Un palacio perfecto para usted, para usted, para un director.» «Ya he encontrado casa. Y no soy el director. Por favor, haga decir que no soy el director.» Es una especie de cortador de cabezas. «Soy un empleado adscrito a la oficina de personal», escribirá Ottieri en *Donnarumma all'assalto*, obra maestra de 1959 sobre la epopeya de la literatura y la industria, la generosa utopía que, en los años de la reconstrucción y del *boom,* quiere involucrar a los intelectuales en un posible desarrollo humano de la civilización industrial.

La tarea principal de Ottieri es la selección de personal. La selección se realiza con la ayuda de la psicotécnica, la ciencia de los test, y después, para quien haya superado los tests, con «la entrevista de selección», que es una entrevista para iluminar la personalidad del candidato. Cuarenta mil peticiones: los admitidos, trescientos o cuatrocientos, y una ampliación prevista de otro centenar. Toda una zona pobladísima aspira a un puesto; muchos vienen desde lejos.

Ottiero Ottieri es ayudado por la eficiente, y septentrional, señorita S. Ella deja pasar el tiempo cuando Ottieri dice que el test no basta, que es necesaria la entrevista, porque él quiere escuchar a todos, aunque hayan fallado el test. «Soy totalmente analfabeto», dice un gordo, que se declara «alguien sacrificado». «Levanto un quintal. Soy el mejor trabajador manual de Santa María». «Pero nosotros no necesitamos trabajadores manuales.» «¿Y qué necesitan, ingenieros?» «No, trabajadores que sean hábiles con la mecánica.» «Yo lo soy. Póngame a prueba.» La prueba es el llamado Moede, un mecanismo de ruedas y palancas que se presenta desmontado ante el candidato, quien después tiene que volverlo a montar. El analfabeto lo ha reconstruido al revés, e intenta con la fuerza de sus grandes manos encajarlo quiera o no. «Doctor», dice el analfabeto, un poco burlón, «he estado diez años en las canteras, y nunca he visto estas cosas.» Inmediatamente, Ottieri se da cuenta de que no puede escuchar a todos. Durante la jornada los van enviando a casa con los gastos pagados. «En un momento os damos el reembolso por la jornada que habéis perdido», anuncia la señorita. En realidad, comenta Ottieri, no la han perdido: la han ganado.

En las fotos, Ottiero, con los hermosos zapatos de cordones, conversa, con un fondo de trabajadores en las cadenas de montaje, bien distanciados, como quiere la filosofía humana de los directivos (después, cuando el espacio sea reducido, se agruparan). En la novela, Ottieri conecta una frase tras otra como en uno de sus tests de aptitud, sin exprimir los sentimientos, dejando que hable el colorido, el castigado mundo del sur, casi siempre alegre. Hilarantes son los equívocos en los que cae la voluntariosa ilustración nórdica. Valgan como ejemplo las muchachas de la prueba, veinte mujeres rubias en bata que deben hacer un cálculo golpeando el teclado con los dedos y empujando la manivela de la calculadora: descubren que tienen dos manos, y que pueden usar dos calculadoras al mismo tiempo alternando los dos brazos, arriba y abajo. Han redoblado así el trabajo, son las trabajadoras más ricas de Italia. La empresa ha acordado darles una paga y media; la comisión interna decide concederles también unas vacaciones-premio de un mes, en la montaña. La asistente social vuelve abochornada del encuentro con las trabajadoras: «Doctor, el setenta por ciento no acepta. Que si el novio no quiere, que si la mamá no las deja… No puedo obligarlas a tomar el aire de la montaña. Aquí todos conocen el mar solamente».

Una prueba psicotécnica es el reactivo O'Connor. Se trata de introducir unos tornillos de hierro en una plancha llena de agujeros con una sola mano, «mientras cronometramos». Las mujeres, siempre ordenadas, si los tornillos caen al suelo o en su regazo, los recogen, en vez de coger otros del cuenco, como aconsejan que se haga Ottieri y la señorita S.; y, mientras tanto, el cronómetro avanza inexorable. Los que hacen bien los tests también lo hacen bien en las pruebas manuales; la inteligencia cuenta por encima de todo, y la empresa cree en la inteligencia. Pero se recela de quienes han estudiado; Ottieri vigila a uno que ha aceptado, porque teme que lo haga mal; para haber hecho el segundo liceo, no va demasiado mal, tras una semana, logra doscientas veinticinco piezas diarias; le faltan un centenar para cubrir el cupo de las ocho horas. Las preguntas en la entrevista son sencillas: ¿desde hace cuánto tiempo no trabaja? ¿Sus hijos? ¿Su mujer? ¿Su madre? ¿Los periódicos? ¿Ha viajado? Nunca se pregunta qué trabajo preferirían hacer; todos se declaran preparados para todo; «también para limpiar los váteres», «como si la fábrica fuera una enorme letrina».

«Estoy en el paro desde hace cinco años, doctor; cinco años sin trabajar.» El llanto de los hombres, descubre Ottieri, le resulta insoportable. El paro y la selección científica se llevan mal; el paro vuelve inmoral a la psicotécnica. Precede a cualquier problema industrial. ¿Cómo viven? Me las apaño, dicen todos. Me las apaño — Me las apaño; todos se declaran dispuestos a limpiar los váteres. Con el tiempo, viene el «endurecimiento»; Ottieri y la señorita S. se convierten en «empleados de orden, sádicos»; aprenden a asumir el peso del Juicio Universal que representan para los parados de la región; «la fila de ojos nunca se olvida».

Por dos veces Ottieri tiene que desempeñar otro trabajo. Fuera de la fábrica, esperan los desesperados. Uno se pega a la ventanilla, y se abofetea. «¿Qué tiene mi cara?», y Papaleo Luigi, llamado «Papa», se abofetea una vez más; «¿qué tiene para que le resulte tan antipático a Vuestra Señoría Ilustrísima?». Un trabajador sigue a la mujer de Ottieri, mientras vuelve a casa tras bañarse en el mar. Se llama Dattilo, tiene que casarse, la novia duerme en una habitación junto a la suya con la madre y futura suegra; y no pueden tocarse, y él no encuentra trabajo. Ottieri recibe amenazas; uno de los postulantes de recepción (así llaman a los desesperados que están en las puertas) se tira bajo el coche del director. Encargan a Ottieri que a su vez se encargue de ellos, de los desesperados que esperan fuera de la fábrica. ¡Accettura, Vincenzo! grita; es el primero, en orden alfabético, para desbaratar toda esa inútil espera. Uno, Donnarumma, que intenta ser examinado sin haber cursado la solicitud, debió hacerle perder la paciencia, porque Ottieri escribe que golpea con el puño sobre la mesa. «Usted no golpeará con el puño sobre la mesa nunca más», amenaza Donnarumma; y empieza entre los dos una especie de guerra de nervios. Cuando se encuentra una bomba en la entrada, Ottieri está convencido de que ha sido Donnaruma quien la ha colocado. El policía, al final de la novela, lo tranquiliza: «No ha sido Donnarumma», las huellas no corresponden con los zapatos destrozados de Donnarumma. «Pero lo encontraremos. Aquí se necesita mucho tiempo para todo. Tenga paciencia.»

En otra ocasión Ottieri es consultado como psicoanalista. Un trabajador ha bajado su rendimiento; tiene que ir a un especialista, y no le llega el dinero. ¿Sería posible que Ottieri le ayudase? «No soy psicoanalista; pero conozco los problemas de la gente», dice, púdicamente, Ottieri. «Desde hace un mes no me empalmo», explica el trabajador, Attanasio. Con una casada con la que solía verse, y que no le importaba nada, era potentísimo. Pero ahora que está enamorado, tiene problemas. Ottiero Ottieri le dice que el problema es ese precisamente, que está enamorado. Lo vuelve a ver al cabo de un tiempo, siempre pesaroso, en la cadena de montaje; ¿estará bien?, se pregunta Ottieri, pero no se atreve a interrogarle.

Ottieri está casi molesto con toda aquella luz y aquel sol que entran en la fábrica; piensa que las fábricas deberían ser grises, como en el norte. Sin embargo, el presidente, en la inauguración, dice, con su voz fría y veloz, que «para la milenaria civilización meridional de campesinos y pescadores, la luz, la familia, los amigos, los parientes son importantes; los árboles, la tierra, el sol, el mar, hasta las estrellas son importantes». Extraño presidente, «ajeno al mundo de los puros beneficios, sin insconciente y sin estrellas». Así, «frente al golfo más singular del mundo, esta fábrica se ha elevado, siguiendo la idea del arquitecto, respetando la belleza de los lugares y para que la belleza estuviese cómoda en el trabajo de cada día». Así lo había dicho el presidente, y también había dicho, siempre con su débil y fría voz, que no se inspiraba en un humanitarismo inconsistente; sabía «que nada es más fuerte y violento, en los justos, que el resentimiento contra la injusticia». Pero en esa situación, en la que solo uno entre mil es contratado, también las huelgas son difíciles de entender; y los sindicalistas no ven más que problemas.

El presidente —que es Adriano Olivetti— ofrece a Ottieri quedarse en Pozzuoli como jefe de personal; pero a Ottiero le parece un privilegio demasiado grande, y tras dos años en el cargo (ha estado desde 1955 a 1957) se va; vuelve a Milán, donde trabajará como asesor a media jornada. Cuando sale en el coche para dejar por última vez el jardín de la fábrica, delante de la portería ve solo a Dattilo, el que tenía que casarse; la novia continuará durmiendo en la habitación de al lado.

Bruce Chatwin

De Charles Milward, un primo lejano que acabó viviendo en Patagonia, Bruce Chatwin decía: «Lo extraordinario de Milward es que nunca ha logrado quitarse de encima Birmingham». Los suyos eran de Birmingham, y cuando quisieron encontrar un futuro para Bruce, descartaron la arquitectura, que era una de las profesiones de la familia, porque encontraban Londres muy tentador (y, además, las matemáticas no eran precisamente el fuerte del muchacho). Por lo demás, Bruce había declarado que no quería ir a la universidad; quería ser actor, o quizás entrar en el servicio colonial. Algunos de sus compañeros de colegio habían ido a Rodesia; pero la Revuelta del Mau Mau en Kenia estaba reciente, y la madre de Bruce, Margarita, tenía un tío que había sido asesinado por un cocinero en Costa de Marfil; demasiado peligroso. Sin embargo Margarita había leído un artículo en *Vogue* sobre la casa de subastas Sotheby's. El padre de Bruce tenía un cliente, un perito inmobiliario, que había vendido en Sotheby's un Monet, que representaba un tren que pasa por un puente. El 15 de abril de 1958 Bruce escribió al director de la casa de subastas, Peter Wilson, incluyendo una carta de recomendación del cliente de su padre.

Sotheby's era una pequeña empresa familiar por entonces, con sesenta empleados y una representación en Nueva York solo para atender la correspondencia. El nuevo director, Peter Wilson, le dio un enorme impulso; «trabajar con él era como viajar sobre una troika», dijo Marcus Linell, el responsable del almacén donde Bruce trabajó. En aquel 1958, por ejemplo, los ejecutores testamentarios del gran coleccionista Jakob Goldschmidt acudieron a Christie's para vender sus obras; pidieron una subasta nocturna, un evento mundano. Christie's se negó; Sotheby's se declaró disponible. Era la primera subasta nocturna que se celebraba desde el siglo XVIII; fue hasta la televisión, y entre los mil cuatrocientos invitados de pago estaban Margot Fonteyn, Kirk Douglas y Somerset Maugham. Por un Cézanne, el *Garçon au gilet rouge*, Peter Wilson, que era esa noche el subastador, obtuvo el doble de la cantidad más alta jamás obtenida por una obra moderna. Bruce Chatwin llegó, pues, a Sotheby's en medio de un interesante momento de expansión. En la entrevista, el 26 de septiembre, Richard Timewell, de la sección de muebles, le preguntó si conocía Avebury Manor, donde recientemente había organizado una venta. Avebury Manor estaba junto al colegio donde Bruce había estudiado. «Ah, es verdad», respondió Bruce, «trabajaba como guía allí, los sábados por la tarde», y lo describió, sala tras sala. Fue contratado.

Bruce Chatwin entró como empleado en el almacén de reparto de obras de arte, con una paga semanal de ocho libras. Por la noche iba en metro a casa de sus tíos, donde vivía; nunca hablaba de su trabajo. Su tarea era quitar el polvo y mover las cerámicas, las mayólicas y los objetos tribales originarios de Europa y de Oriente. «Cada vez que había una venta me ponía mi uniforme gris y me plantaba delante de las vitrinas controlando que los potenciales clientes no dejasen las marcas de los dedos.» El asistente de las cerámicas con quien trabajaba cuenta que tenían que catalogar cerámicas chinas, esculturas romanas antiguas y también piezas de Rodin; sin embargo, Bruce se ocupaba solo de las que le interesaban. Por entonces decía que había escrito una tesis sobre las «salchichas como símbolos fálicos», y «no se entendía muy bien lo que tenía en la cabeza». Su superior, Linell, creía que «Bruce se distraía demasiado»; cuando las piezas eran expuestas para las subastas, faltaban siempre lotes, o aparecían con el número cambiado. Fue a protestar afirmando «que era un desastre», pero se enteró de que Chatwin había sido trasladado al departamento de muebles, dirigido por Timewell, el de la entrevista de acceso. Timewell declaró que, en el hecho de que Bruce fuera durante mucho tiempo el benjamín del director, Peter Wilson, tuvo mucho que ver la belleza de Chatwin, que como se sabe era magnífica.

Chatwin sostuvo, sin embargo, que nadie le hizo caso hasta el día en que, encontrándose junto a un *gouache* de Picasso que representaba a un arlequín, se le acercó un señor con el pelo lacio y aire de ornitólogo que le preguntó qué pensaba; el almacenero le respondió que según él era falso. El «ornitólogo» era sir Robert Abdy, asesor de compras del banco Gulbenkian. Asombrado por una respuesta semejante por parte de un empleado de la casa de subastas, contó el episodio a Wilson, que trasladó a Bruce a sus dos departamentos preferidos, el de pintura moderna —especialmente los impresionistas—y el de antigüedad, que Wilson catalogaba personalmente. Bruce ocupaba un pequeño estudio semienterrado, tenía una secretaria y recibía dos veces por semana a un experto, John Hewett. Hewett era socio y amigo desde mucho tiempo atrás de Wilson; era un marchante de Bond Street elegante, pelo y barba a cepillo; llegaba sacando del bolsillo un pequeño objeto, que podía ser una concha o una rarísima pieza de arte y miraba a Bruce con los ojos bovinos, para que compartiese su entusiasmo. Fue un maestro para Bruce; sostenía que las creaciones de la naturaleza eran bellas y exquisitas como el arte. Era un «heterosexual rampante», que procedía de una clase social baja y que conservaba en el acento «un toque *cockney*». El abuelo realizada mudanzas en una carreta, él había sido jardinero y soldado de la guardia escocesa en Argelia; experto en tapices del siglo XV, amaba los objetos tribales y primitivos. Hewett enseñó a Chatwin a mirar los objetos a fondo, intensamente. La secretaria decía que «Bruce observaba las cosas bajo todas las luces incluso cuando no se podía más, pero el resultado era que nunca se olvidaba de nada». Un día un diseñador, John Stefanidis, le habló a Bruce de unas sillas que había visto en la villa Malcontenta que deseaba copiar. «Yo tengo todas las medidas», le aseguró, de memoria, Chatwin.

Hewett enseñó a Bruce a catalogar cada objeto con pocas y precisas palabras que lo volviesen inconfundible. Le hacía leer textos especializados, le mandaba a hacer comparaciones en los museos, y le enseñaba a traducir conceptos visuales «con la precisión de un francotirador». La primera editora de Chatwin, Susannah Clapp, dijo que Bruce escribía con el hábito mental del catalogador: «la atención minuciosa, el registro de una cantidad de detalles físicos, la búsqueda de la procedencia y del descubrimiento y el relato de una historia», «la aspiración a la objetividad». El mismo Chatwin admitía que en el departamento de antigüedades de Sotheby's el trabajo se volvía, en los momentos más felices, una especie de caza del tesoro, «que es la técnica que aplico cuando llevo a cabo búsquedas sobre una historia» —aunque solo en el último tercio de su vida se puso a escribir.

Una caza del tesoro fue la carta de una vieja señora ingresada en un asilo en Turnbridge Wells: he leído en el periódico que Sotheby's ha sacado a subasta una estatua de Benín. Ella tenía una estatua de Benín porque su padre había participado allí en una expedición como médico. Bruce fue a buscar a la «deliciosa» señora. «¿Siente este olor?», preguntó ella. «No, me parece que no», respondió Bruce. «Caca», fue la opinión de la señora: «Aquí todos son incontinentes». La cabeza de Benín estaba en el suelo. «Es completamente auténtica. Estábamos en Ciudad del Cabo y recuerdo perfectamente a mi padre que ordenaba a los criados que la lavaran porque estaba toda cubierta de sangre, sangre *humana*. Usaron la manguera y todo a su alrededor quedó rojo de sangre durante días». ¿Cuánto podía valer?, preguntó la señora.

Chatwin fue un alumno extraordinariamente veloz. En una entrevista le preguntaron cuánto había tardado en convertirse en experto en impresionismo; «un par de días, diría», respondió. Tenía ojo, mucha intuición; un día entró en una tienda de Ludlow, y fue derecho a lo que el propietario consideraba un bastón de paseo: era en realidad el asta de la bandera de la embarcación del Dogo. Hacía algunos negocios privados; «¿qué debo hacer?, ¿vivir del aire?», escribió después en *¿Qué hago yo aquí?* Entró en contacto con el mundo extraño y opulento de los coleccionistas. Robert Erskine —que era un ex-Etoniano— se dedicaba, sobre todo, a comerciar con monedas antiguas; con Bruce hizo una especie de sociedad. Él aportaba el dinero para comprar los objetos, Chatwin, la lista de los clientes de la casa de subastas; los beneficios se dividían a partes iguales. Cuando fue nombrado director, Sotheby's pretendió que Bruce acabase cualquier relación con Erskine. El crítico Ted Lucie-Smith, con el que Chatwin iba el sábado al rastro de Portobello, decía que su famoso «ojo» consistía en el conocimiento del *Museo imaginario,* de Malraux y del *Arte sin época* (1934), de Ludwig Goldscheider, con su rechazo a la «jerarquización» entre el arte popular y las consideradas «culturas superiores».

Un día que su superior en los impresionistas estaba fuera, Bruce realizó el catálogo. De un día para otro, se convirtió en el experto en la materia en Sotheby's; debía «comenzar a aprender muy deprisa». Era un área importante, porque los impresionistas gustaban a los armadores griegos y a las estrellas de cine; los colegas estaban envidiosos. Solo la secretaria de Bruce, Sue Goodhew, aristocrática amazona —Wilson contrataba, por motivos evidentes, chicas de buena familia— nunca quiso invitarlo: «No era de mi ambiente; no se le veía volviendo a casa, el fin de semana, para preparar una partida de caza». Pero antes de ponerse con el trabajo —comenzaban examinando las necrológicas, y mandando cartas de condolencia en las que se ponían a disposición de los familiares dolientes—, Bruce imitaba a Noël Coward, en su faceta de cantante: «*In a bar on the Piccola Marina*»... Sue era reclamada para los clientes célebres, Gregory Peck, Alain Delon, Omar Sharif, David Niven; una vez abrió a una Elizabeth Taylor cubierta de la cabeza a los pies con una piel de ocelote.

Chatwin sin embargo cultivaba a los clientes ricos. Era seguro, y había aprendido algunos trucos del oficio. Una vez que le preguntaron su parecer sobre un bronce indio del siglo IX, Bruce se sacó un alfiler de la solapa de la chaqueta y ralló la pátina. A veces debía usar su gran belleza con los clientes. Somerset Maugham quería vender algunas de sus colecciones; el catálogo estaba preparado; pero a dos días de la subasta el escritor lo volvió a pensar. Wilson mandó a Bruce, aconsejándole lavarse el pelo. Somerset Maugham entendió rápidamente que Bruce era un cebo vivo; pero hablaron, y se dejó convencer. Chatwin estaba irritadísimo.

Era también temido. En una galería de Nueva York vio un caballo de bronce con una evidente línea de sutura. «Los griegos nunca practicaron esta técnica», dijo. La pieza fue retirada. En una subasta de Impresionistas de Sotheby's preparada por otro, señaló un dibujo de Renoir, un desnudo. «Es falso», dijo: «y este y este». Los dibujos fueron reexaminados, y retirados de la subasta. Otra vez vio, todavía en el suelo, un Pollock. Es falso, aseguró. «Déjame en paz», dijo el curador. Cuando apareció el catálogo, la tela se denunció como falsa; Chatwin estaba triunfante.

A Bruce le gustaba también viajar para peritar las obras, o buscarlas, durante las vacaciones, en los países de origen. Aprendió de los indígenas a viajar ligero, a liberarse de los objetos —tras tantos años en los que los había visto coleccionar.

Todos veían a Bruce como el delfín de Wilson. En 1965 Bruce esperaba convertirse en director con derecho a voto y a participación en las acciones. Pero descubrió que serían nombrados directores, junto a él, otros colegas, y todos sin derecho a voto. En el verano de 1966, presentó la dimisión. En la sala del consejo entendió que no podía quedarse; «ni el resto de la vida, ni siquiera la próxima semana». Era un asunto de Wilson en el que fue enredado sin compensación. En una cena discutieron de manera acalorada. Se quejó de que la vista se le había estropeado, y no podía examinar obras de arte. Y a los veintiséis años se fue Edimburgo a estudiar, en la universidad, Arqueología.

En Edimburgo rechazó una oferta para escribir artículos de arqueología y de viajes para el *Sunday Times*. «La idea de un empleo me horroriza. La independencia es algo muy frágil». Pero acabó aceptando la colaboración, con artículos y entrevistas, en el suplemento en color del periódico; ganaba 2000 libras al año. Aprendió a escribir «claro». Y un día, entrevistando a Eileen Gray, vio sobre el muro de su estudio parisino dos mapas de la Patagonia, que la arquitecta había coloreado con acuarela. «Es uno de los sitios donde siempre he deseado ir», dijo Chatwin. «También yo» —Eileen Gray tenía noventa y tres años: «Allez-y pour moi».

ÍNDICE

Introducción 7

Trabajos forzados

Maxim Gorki 18
Paul Claudel 27
Italo Svevo 31
Jack London 39
Colette 47
Franz Kafka 55
Blaise Cendrars 64
Thomas Eliot 73
Raymond Chandler 77
Lawrence de Arabia 81
Paul Morand 91
Carlo Emilio Gadda 101
Louis-Ferdinand Céline 109
Dashiell Hammett 119
Jean Giono 127
Jacques Prévert 131
Antoine de Saint-Exupéry 134

André Malraux 143
George Orwell 151
Bohumil Hrabal 160
Boris Vian 168
Charles Bukowski 176
Ottiero Ottieri 184
Bruce Chatwin 191

La sugerencia del editor

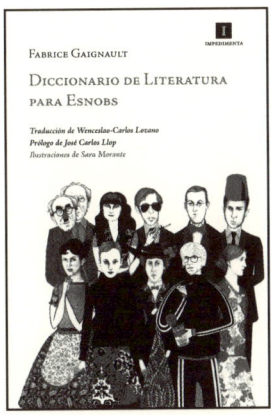

Fabrice Gaignault
Diccionario de Literatura para Esnobs

Ilustraciones de Sara Morante
Prólogo de José Carlos Llop
Traducción del francés de Wenceslao-Carlos Lozano

«Una biblia para los «happy few» amantes del *namedropping*, que se convertirá en un manual de obligada consulta a la hora de determinar quién es quién en el exigente mundo de los entendidos de cenáculo.»

www.impedimenta.es

También en Impedimenta

Boris Vian

Vercoquin y el plancton

Traducción del francés de
Lluís Maria Todó

«Boris Vian es un escritor todoterreno, inclasificable.
Su estilo comprende toda la modernidad.»
(Daniel Pennac)

www.impedimenta.es

También en Impedimenta

Franz Kafka

Un médico rural
y otros relatos pequeños

Traducción del alemán de Pablo Grosschmid

«Puedo muy bien imaginarme a alguien en cuyas manos caiga este libro y cómo, desde ese instante, cambia totalmente su vida, cómo se convierte en otra persona distinta.»
(Max Brod en «März», 15 de febrero de 1913)

www.impedimenta.es

TAMBIÉN EN IMPEDIMENTA

WYNDHAM LEWIS

Estallidos y bombardeos

Traducción del inglés de Yolanda Morató
Introducción de Juan Bonilla

«En la obra de Lewis reconocemos el pensamiento
del moderno y la energía del cavernícola.»
(T. S. Eliot)

www.impedimenta.es